KB067993

함정수

모르고 바둑 두지 마라

전원바둑연구실 지음

전원문화사

함정수 모르고 바둑 두지마라

2016년 8월 20일   2판 1쇄 발행

지은이 ＊ 전원바둑연구실
펴낸이 ＊ 남병덕
펴낸곳 ＊ 전원문화사

07689 서울시 강서구 화곡로 43가길 30. 2층
       T.02) 6735-2100 F.6735-2103

E-mail ＊ jwonbook@naver.com

등록 ＊ 1999년 11월 16일   제 1999-053호

ⓒ 1999, by Jeon-won Publishing.CO

■ 머리말 ■

하급자들이 자신의 실력을 향상시키고자 할 때 가장 먼저 접하는 분야 중의 하나가 바로 정석입니다.

정석은 많이 알면 알수록 초반 포석작전을 펼쳐나가는 데 있어서 매우 유리하게 작용할 뿐만 아니라, 정석을 통해 여러 가지 행마와 맥점 등을 익힐수 있는 만큼 실력향상의 필수항목이라고 할 수 있습니다.

그런데 중요한 것은 그러한 정석을 얼마만큼 정확히 이해하고 있느냐는 것입니다.

많은 이들은 단순히 정석 책에 나와 있는 변화만을 암기하는 것으로써 공부를 모두 마친 것으로 착각하고 있습니다. 그런데 실전에 들어가면 현실은 어떻습니까?

정석 책에 나와 있는 수순으로만 두면 문제는 간단하지만 실전에서 상대는 좀처럼 자신이 알고 있는 수순대로 두어 주지 않습니다. 분명 책에서는 이경우엔 이렇게 두는 것이 정수라고 이야기하고 있지만 상대방이 전혀 엉뚱한 수로 응수하는 바람에 당황했던 경험이 한두 번이 아니었을 것입니다. 이와같은 현상이 발생하는 것은 정석을 정확히 이해하고 있지 못하기 때문입니다.

보통 함정수는 정석 과정에서 파생되는 것이 거의 대부분입니다. 어떤 이는 함정수라는 것은 비겁한 사람이나 사용하는 수라고 해서 외면해 버리기쉬운데, 함정수를 익히지 않고서는 정석을 완전히 이해할 수 없다는 것을 반드시 기억해야 합니다. 결국 함정수는 정석을 완성하는 또 다른 정석으로 이해해야만 하는 것입니다.

이 책에 등장하는 함정수는 최근 실전에서 가장 많이 등장하는 기본 정석에서 파생된 유형이 대부분입니다. 그러므로 이 책에 수록된 함정수 유형을 하나하나 습득해 나가다 보면 여러분이 지금껏 알고 있었던 정석이 더욱더빛을 발할 것입니다.

끝으로 이 책이 나오기까지 수고해 주신 편집국 식구 여러분들과 전원문화사 김철영 사장님께 감사의 말씀을 전합니다.

전원바둑연구실

함정수 모르고 바둑 두지 마라

■차 례■

봉쇄를 회피

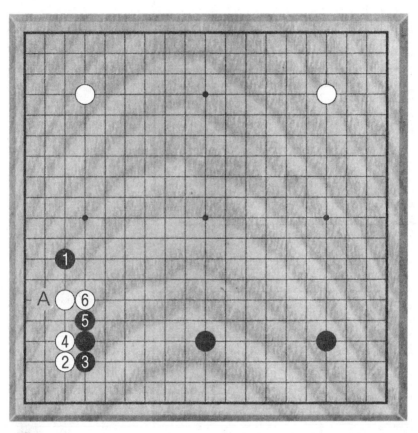

● 둘 차례

흑⑤까지는 실전에 흔히 등장하는 기본 정석인데, 백⑥으로 밀어올린 수가 함정수의 의미가 배어 있는 수단이다. 이 수로 A에 내려서면 평범한 정석. 그렇다면 백⑥은 어떤 의미를 내포한 수일까?

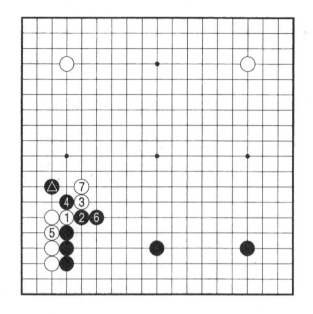

그림1 (백의 의도)

백①은 흑▲ 한 점을 하변과 분단시키겠다는 뜻이다. 계속해서 흑❷로 젖히고 백③ 때 흑❹로 끊은 것은 이하 백⑦까지의 진행에서 볼 수 있듯이 흑이 불리한 싸움이다.

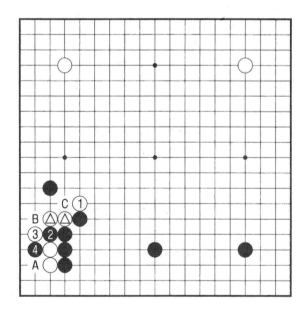

그림2 (단점을 추궁)

백① 때 흑❷·❹는 백의 단점을 추궁해서 이득을 취하겠다는 뜻이다. 이후 백이 A로 단수쳐서 흑 한 점을 잡는다면 흑B로 단수친 후 C에 두어 백△ 두 점을 잡을 수 있다.

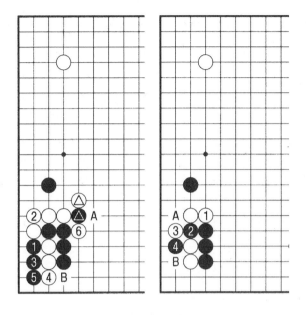

그림3(흑, 응수 두절)

그러나 흑❶에는 백②가 침착한 호착. 계속해서 흑❸에는 백④·⑥으로 처리해서 흑의 응수 두절이다. 이후 흑A는 백B에 두어 귀의 흑이 잡힌다. 결국 흑▲, 백△의 교환이 악수라는 결론이다.

그림4(정확한 수순)

백①에는 단순하게 흑❷·❹로 나가 끊는 것이 정확한 수순이다. 계속해서 백이 A에 잇는다면 흑으로선 B에 단수쳐서 백두 점을 잡을 수 있다.

그림5(흑, 두터움)

흑❶로 끊으면 백은 ②로 둘 수밖에 없다. 계속해서 흑은 ❸을 선수한 후 ❺로 젖혀 두점머리를 두드리는 것이 통렬한 급소. 백⑥에는 흑❼ 이하 ⓫까지 백을 봉쇄해서 충분한 결말이다.

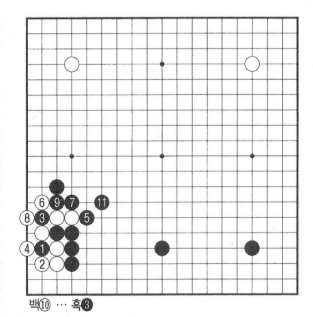

백⑩ … 흑❸

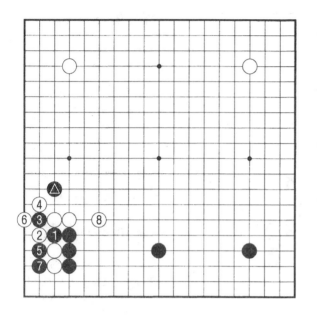

그림6 (방향 착오)

같은 끊음이라도 흑❶, 백② 때 흑❸ 쪽을 끊는 것은 방향 착오이다. 백④는 당연하다. 백은 귀의 두 점을 죽이는 대신에 이하 백⑧까지 흑△ 한 점을 분단시켜 대만족이다.

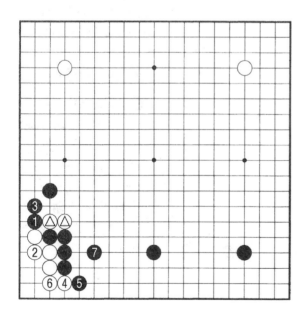

그림7 (흑, 만족)

흑❶로 끊었을 때 귀의 실리를 중시해서 백②로 잇는 것은 좋지 않다. 흑❸으로 뻗은 후 이하 ❾까지 처리하면 그림5의 결과보다도 흑이 더욱 유리하다.

10

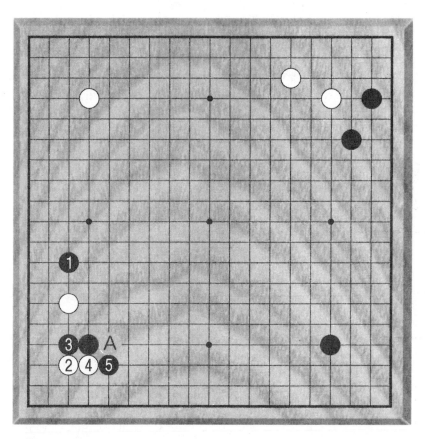
흑의 욕심

🔵 둘 차례

흑❶ 때 백②의 3·三 침입은 알기 쉽게 실리를 차지하고자 할 때 유력한 정석 선택이다. 계속해서 흑❸으로 막고 백④로 민 것까지는 필연적인 진행인데, 흑❺로 젖힌 것이 주문을 내포한 함정수이다. 흑❺로는 A에 뻗는 것이 보통. 그렇다면 백의 정확한 대응방법은 무엇일까?

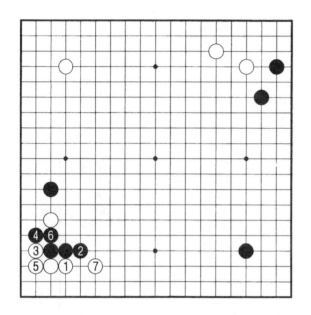

그림1(기본 정석)

정석은 백①때 흑❷로 느는 것이다. 계속해서 백③·⑤로 젖혀 이은 것은 백⑦로 한 칸 뛰어 변으로 진출하기 위한 중요한 예비수순이다. 백⑦까지가 기본 정석으로 피차 불만없는 결말.

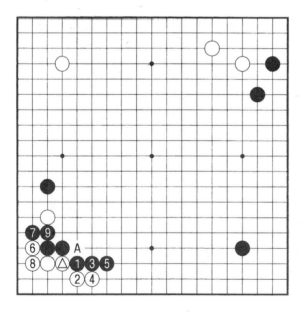

그림2(흑의 의도)

백△때 흑A로 뻗지 않고 흑❶로 젖힌 의도는 백②·④로 안정해 달라는 것이다. 이하 흑❾까지의 진행이라면 그림1의 기본 정석과 비교해 백이 패망선인 2선을 두 번이나 긴 형태이다.

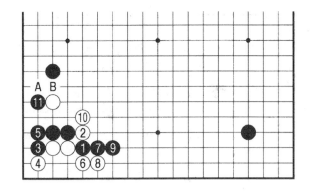

그림3 (무리한 절단)

그렇다고 흑❶ 때 백②는 무모한 대응. 백②에는 흑❸·❺로 젖혀 잇는 것이 형태상의 급소로 이하 흑⓫까지의 진행은 백이 불리한 싸움이다. 흑⓫ 이후 백A면 흑B로 하는 수가 있다.

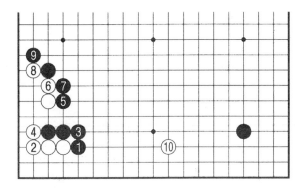

그림4 (정확한 대응)

흑❶에는 백②가 적절한 대응책이다. 계속해서 흑은 ❸으로 보강할 수밖에 없는데, 백④ 이하 흑❾까지 선수로 안정한 후 백⑩으로 갈라쳐 백이 유리한 결말이다.

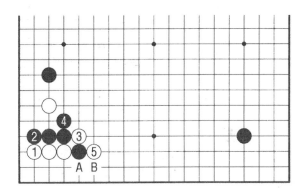

그림5 (무리한 반발)

백① 때 흑❷는 무리한 반발이다. 흑❷에는 백③으로 끊는 것이 통렬한 한 수이다. 계속해서 흑❹로 달아난다면 백⑤로 단수쳐서 흑 한 점이 잡힌 모습. 이후 흑A면 백B로 그만.

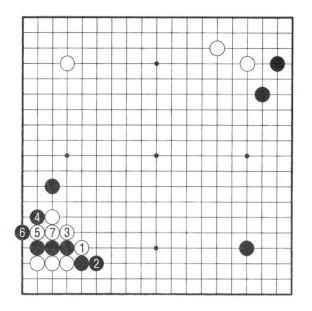

그림6(백, 대성공)

백① 때 흑②는 무모하다. 백③으로 젖히는 수가 이 경우 좋은 수이다. 다음 흑④의 붙임이면 백⑤로 끼우는 수가 준비해 둔 기본적인 맥점이다. 이하 백⑦까지 흑 석 점이 잡힌 모습.

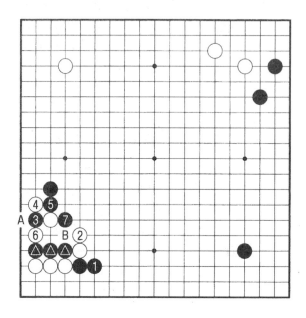

그림7(백, 실패)

흑❶ 때 백②는 형태에 얽매인 속수. 백②에는 흑❸이 좋은 수로 백④면 흑❺로 끊는 맥점을 준비해 두고 있다. 백⑥에는 흑❼로 단수쳐서 흑▲ 석 점을 무사히 살려 올 수 있다. 이후 백A면 흑B.

주문을 거부

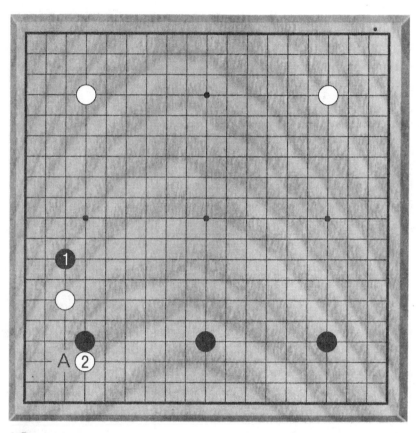

● 둘 차례

흑❶은 세력작전을 펼치고자 할 때 유력한 정석 선택이다. 그런데 흑❶로 한 칸 협공하자 백이 A의 곳 3·드에 들어가지 않고 ②로 붙여온 장면이다. 백②는 흑의 세력작전을 방해하겠다는 함정수의 의미가 짙게 내포되어 있다. 그렇다면 흑은 이 경우 어떻게 두는 것이 최선일까?

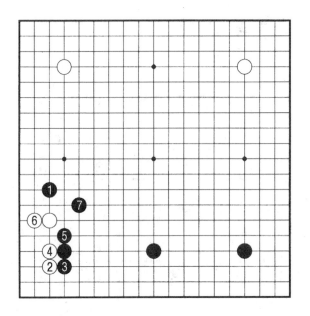

그림1(기본 정석)

흑❶ 때 백②의 3·三 침입이라면 가장 알기 쉽다. 이하 흑❼까지의 진행이라면 세력 대 실리의 갈림이 된다. 백이 장면도처럼 변화한 것은 이 진행을 피한 것이다.

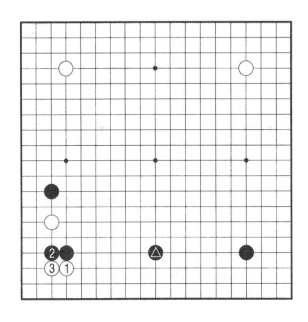

그림2(백의 의도)

백①로 붙인 수는 흑❷로 받아 달리는 것이다. 그러면 백③으로 3·三 자리를 점령하겠다는 속셈인 것이다. 이 결과는 앞 그림의 형태와 다를 것이 없으니 흑△ 한 점이 역시 악수가 된다.

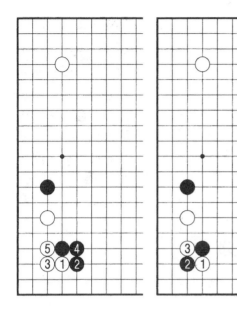

그림3(백, 충분)

백① 때 흑❷ 쪽에서 젖히는 수는 간명하게 형태를 결정짓겠다는 뜻이다. 그러나 백③으로 나가고 보면 흑은 ❹로 이을 수밖에 없는 만큼 백⑤까지 귀의 실리가 크다.

그림4(정확한 대응)

백①에는 흑❷가 강력하면서도 정확한 대응이다. 하급자들은 백③으로 끊기면 복잡한 싸움이 되므로 이런 진행을 피하는 경향이 큰데, 이 경우엔 이 수가 최선이다.

그림5(무리한 반발)

백① 때 흑❷·❹로 단수친 후 ❻으로 잇는 것은 하나의 행마법이다. 그러나 백⑦로 꼬부린 다음 백⑪까지 변으로 진출하고 보면 흑△ 한 점이 어정쩡한 곳에 있음을 부인할 수 없다.

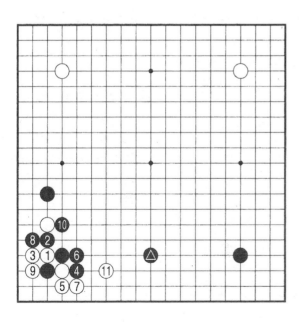

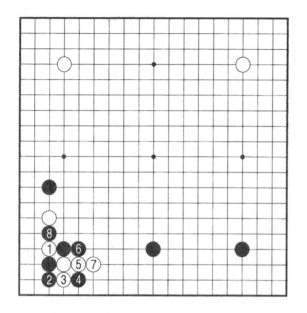

그림6 (침착한 대응)

백①에는 흑❷가 침착한 대응이다. 계속해서 백③은 최강으로 맞선 것인데, 흑에겐 ❹라는 맥점이 준비되어 있다. 백⑤가 불가피할 때 흑❻을 선수한 후 ❽로 단수치면 이 결과는 흑이 유리하다.

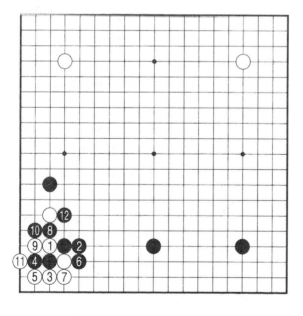

그림7 (간명책)

백① 때 앞 그림의 진행이 어렵다고 느껴진다면 흑❷로 뻗는 간명책이다. 그러면 백은 ③으로 귀를 차지할 수밖에 없는데, 흑❻ 이하 ⑫까지 두텁게 외세를 쌓아서 충분한 결말이다.

배석에 따라…

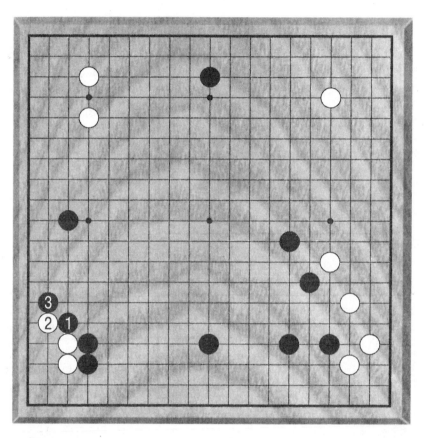

⬤ 둘 차례

흑❶, 백②까지는 실전에 흔히 등장하는 기본적인 정석 진행인데, 흑❸으로 이단젖힌 수가 주변 배석을 고려치 않은 무리수이다. 흑❸은 함정수의 의미를 내포하고 있다 할 수 있는데, 백은 어떻게 응수하는 것이 최선일까?

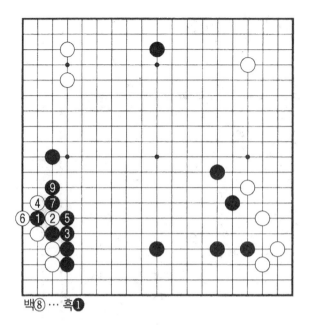

백⑧ … 흑❶

그림1(흑의 의도)

흑❶로 이단젖힌 의도는 백②·④로 흑 한 점을 잡아 달라는 것이다. 백 ②·④에는 흑❺·❼로 단수친 후 이하 ❾까지 처리해서 흑으로선 강력한 세력을 구축할 수 있다.

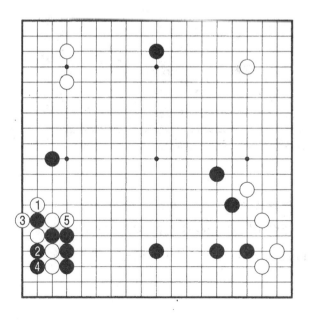

그림2(소탐대실)

백①때 흑이 앞 그림처럼 중앙을 중시하지 않고 ❷·❹로 단수쳐서 귀의 실리를 탐하는 것은 전형적인 소탐대실이다. 백⑤가 흑세력을 지우는 두터운 수로 백이 일거에 우세를 확립한다.

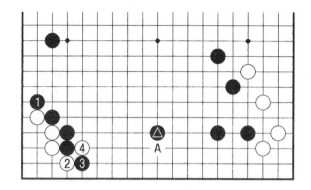

그림3(통렬한 수순)

흑❶에는 백②·④로 젖히고 끊는 것이 흑의 무리수를 추궁하는 좋은 수순이다. 단, 흑▲ 한 점이 지금처럼 4선에 있을 때에 가능하며, 4선이 아닌 A의 곳에 있을 경우에는 성립하지 않는다.

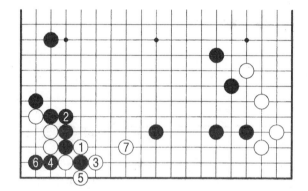

그림4(백, 성공)

백①에 대해 흑은 ❷로 잇는 것이 최선. 백③으로 단수치고 이하 흑❻까지는 필연적인 수순. 계속해서 백이 ⑦로 하변에서 안정하고 나면 흑의 세력 작전이 일거에 무너진 모습이다.

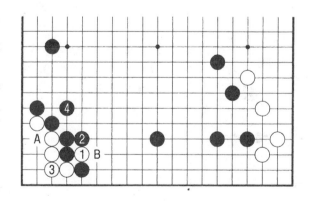

그림5(최강의 저항)

백① 때 흑❷는 앞 그림의 진행을 피한 최강의 저항이다. 백③에는 흑❹로 호구친 수가 흑❷와 연관된 강수이다. 이 다음 백이 A에 이어 귀의 삶에 연연하는 것은 흑B로 따내 백이 망한다.

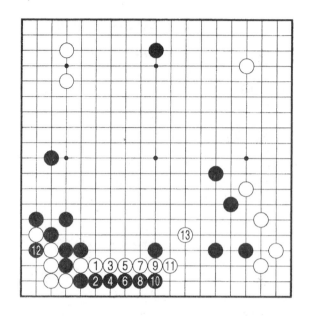

그림6(백, 성공)

백은 ①로 나가는 한 수이다. 흑은 ❷ 이하 ❿까지 2선을 길 수밖에 없는데 백③ 이하 ⑪까지 화점의 흑 한 점이 폐석화한 것이 아프다. 백⑬까지의 결과는 귀의 실리에 비해 흑이 입은 손실이 너무 크다.

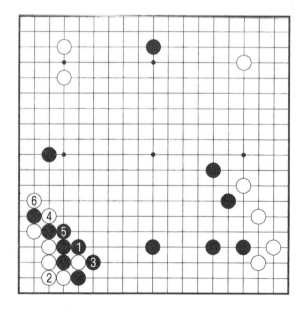

그림7(백, 대만족)

흑❶, 백② 때 흑이 그림5처럼 강하게 버티지 않고 ❸으로 따내면 앞 그림과 같은 진행은 피할 수 있다. 그러나 백④·⑥으로 되고 보면 흑 한 점이 아무런 대가 없이 잡힌 모습이다.

근거를 마련

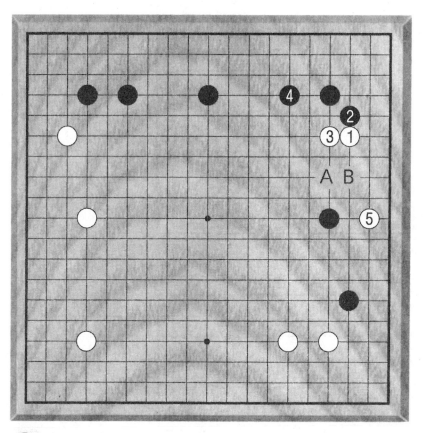

● 둘 차례

백①로 걸치면 흑❷로 붙여 세워 공격하는 것은 당연하다. 백③, 흑
❹까지는 예정된 수순인데, 백⑤의 2선 달림이 함정수의 의미를 내포
한 수이다. 백⑤로는 A 또는 B가 보통. 그렇다면 이 경우 흑은 어떻
게 두는 것이 최선일까?

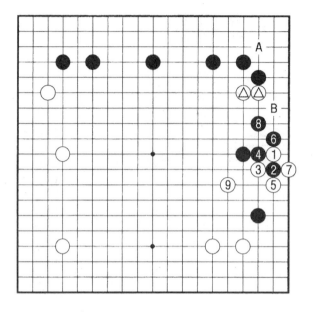

그림1(대 악수)

백① 때 흑❷로 붙이는 것은 대 악수이다. 백은 ③·⑤로 단수쳐서 흑 한 점을 잡는 것이 좋은 선택으로, 이하 백⑨까지의 결과는 흑이 불리하다. 백△ 두 점은 A 또는 B의 뒷맛이 남아 있다.

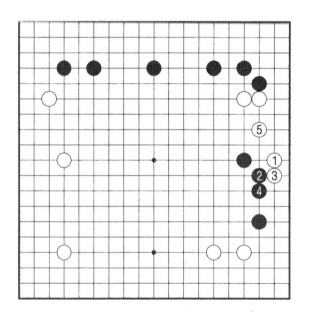

그림2(백, 만족)

그렇다고 백① 때 흑❷로 물러서는 수 역시 찬성할 수 없다. 백③으로 하나 기어나간 후 ⑤에 한 칸 뛰어 근거를 갖추면 백은 더 이상 공격받을 형태가 아니다.

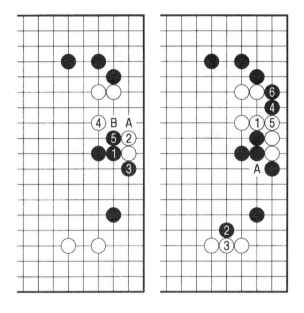

그림3(보통의 대응)

흑은 ❶로 치받는 것이 무난한 응수법이다. 백②에는 흑❸, 백④ 때 흑❺로 찌르는 것이 타이밍. 계속해서 백A로 물러서는 것은 느슨하므로 백은 B로 막게 되는데…

그림4(통렬한 침입)

백①에는 흑❷, 백③을 선수한 후 ❹에 치중하는 수가 통렬한 일격이다. 다음 백⑤에는 흑❻으로 귀의 실리를 벌면서 백을 공격할 수 있다. 참고로 흑❷, 백③은 악수 교환이지만 백A의 끊음을 방비한 것이다.

그림5(백의 변화)

흑❶ 때 백은 앞 그림의 진행을 피해 A에 날일자 하지 않고 ②로 변화할 가능성이 크다. 물론 흑으로서는 이 그림도 불리할 것이 없지만 좀더 강력한 수단을 연구하고 싶다.

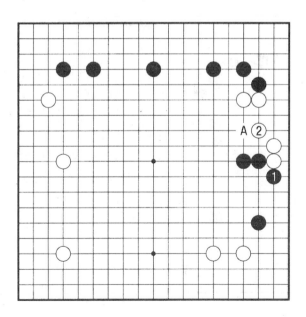

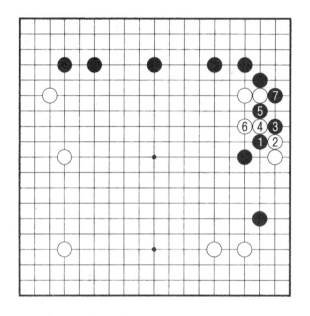

그림6 (강력한 수단)

흑은 ❶로 마늘모하는 것이 가장 강력한 응수이다. 백②에는 흑❸으로 젖히는 것이 준비해 둔 강수. 계속해서 백④로 끊는다면 흑❺·❼로 건너는 것이 요령으로, 흑이 유리한 결과이다.

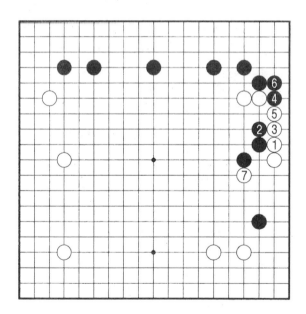

그림7 (흑, 불충분)

백①때 흑❷로 나가는 것은 좋지 않다. 백③이면 흑❹·❻으로 젖혀 잇는 것이 귀를 지키면서 백을 공격하는 형태상의 급소. 그러나 백에겐 ⑦로 붙이는 호착이 준비되어 있어 흑으로선 불충분하다.

난전을 유도

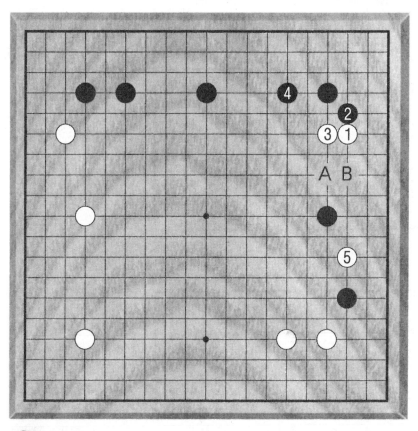

● 둘 차례

백①로 걸쳤을 때 흑❷·❹로 붙여 세운 것은 상대를 무겁게 만드는 올바른 공격 요령. 계속해서 백이 A 또는 B에 두어 틀을 갖추면 보통의 진행인데, ⑤로 침입한 장면이다. 백⑤는 함정수의 의미가 짙은데 흑의 올바른 응수법은 무엇일까?

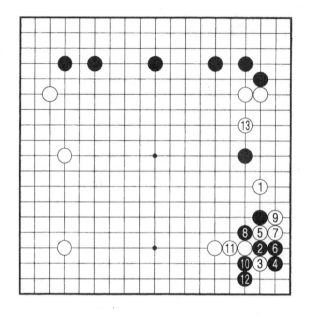

그림1(작전 착오)

백① 때 흑❷·❹는 귀에서 수를 내고자 할 때 쓰는 상용수법. 그러나 이 경우엔 백⑤로 몰고 ⑦로 뚫는 수순이 통렬하다. 이하 흑⑫까지 결정지은 후 백⑬으로 공세를 취해 흑이 불리한 결말이다.

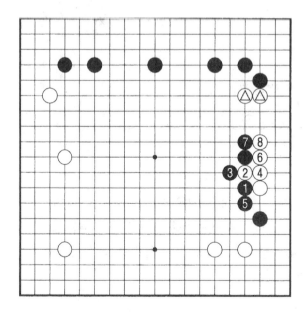

그림2(백, 만족)

이번엔 흑❶로 붙이는 변화이다. 이때는 백②·④가 준비된 수순. 계속해서 흑❸·❺는 간명하게 형태를 결정짓겠다는 뜻인데, 백⑥·⑧로 넘어가면 백△ 두 점을 너무 쉽게 안정시켜 준 모습이다.

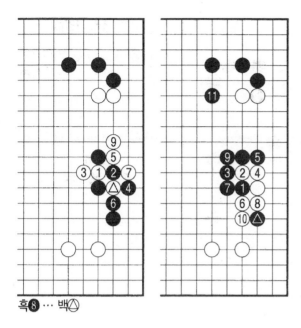

흑❽ … 백△

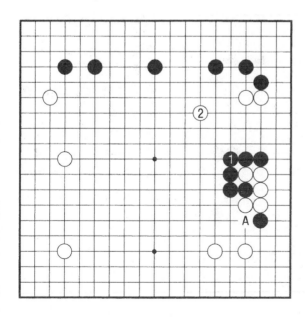

그림3(백, 충분)

백① 때 흑❷·❹로 단
수친 것은 축이 유리하므
로 강하게 버틴 것이다.
그러나 백이 ⑤·⑦을 선
수한 후 ⑨로 뻗으면 백
전체가 쉽게 모양을 갖춘
모습이므로 더 이상 공격
받을 형태가 아니다.

그림4(사석전법)

백②·④ 때 흑은 ❺로
막아 흑△ 한 점을 죽이
고 두는 것이 이 경우 적
절한 변신이다. 계속해서
백⑥, ⑧에는 흑❾로 이
은 후 백⑩ 때 흑⓫로 모
자를 씌워 백 두 점을 크
게 공격할 수 있다.

그림5(백의 변신)

그러나 흑❶ 때 백은 앞
그림처럼 A에 두어 흑 한
점을 제압하지 않고 ②로
변신할 가능성이 높다.
물론 이 형태도 흑은 충
분히 싸울 수 있지만 좀
더 간명한 방법을 모색하
고 싶다.

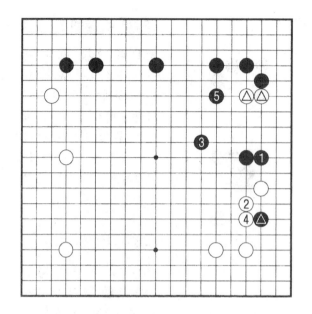

그림6 (흑의 간명책)

흑❶이 간명한 처리법이다. 흑은 이와 같이 흑▲ 한 점을 죽이고 두는 것이 최선의 선택이다. 계속해서 백이 ②·④로 두어 흑 한 점을 제압한다면 흑도 ❸·❺로 씌워 백△ 두 점을 크게 제압할 수 있다.

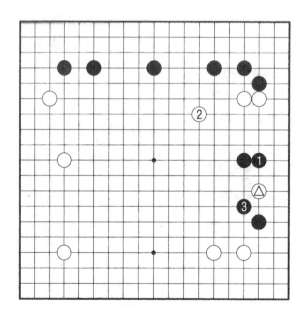

그림7 (흑, 대만족)

흑❶ 때 백이 앞 그림의 진행을 피해 ②로 달아난다면 흑❸으로 마늘모해서 충분하다.

백으로선 백△ 한 점을 아무런 대가 없이 흑에게 제공한 셈이므로 큰 손해를 초래한 모습이다.

시기 상조

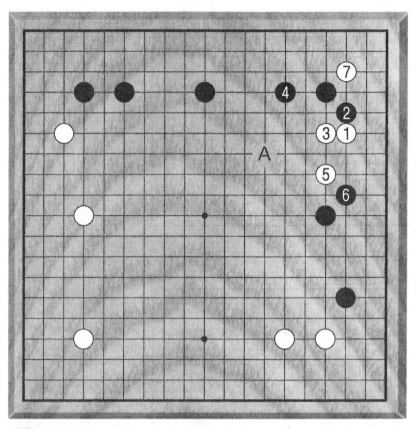

● 둘 차례

백①로 걸쳤을 때 흑❷로 붙여 세우고 이하 흑❻까지 공격한 것은 상
식적인 진행이다. 계속해서 백이 A로 눈목자해서 중앙으로 진출하면
보통인데, ⑦로 3 · 三 침입을 결행해 온 장면이다. 그러나 백⑦은
무리성 짙은 함정수이다. 그렇다면 흑은 어떻게 응수하는 것이 최선
일까?

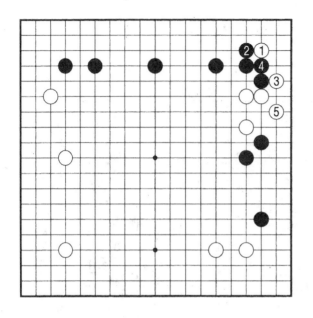

그림1(백의 의도)

백①때 흑❷로 막는 것
은 귀의 실리에 연연한
수이다. 백③에 젖히고
⑤로 호구치면 백은 더
이상 공격받지 않을 형태
이다.

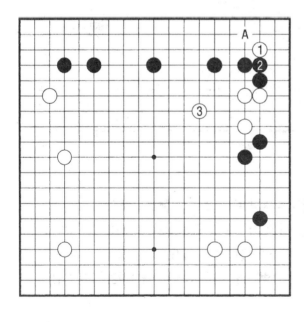

그림2(백의 활용)

백①때 흑❷는 백을 강
력하게 공격하겠다는 뜻
이다. 그러나 백이 귀를
보류한 채 ③으로 눈목자
해서 달아나면 흑의 공격
은 실패로 끝난 모습. 귀
의 백은 장차 A의 마늘모
로 사는 뒷맛이 남는다.

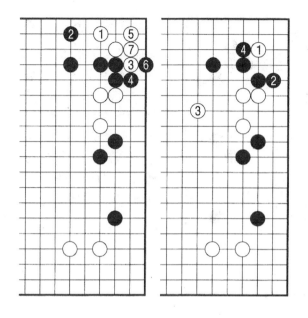

그림3 (귀의 뒷맛)

귀의 뒷맛에 대해 살펴본
다. 백①에 마늘모하면
흑은 ❷로 한 칸 뛰어 공
격하는 정도, 그러나 백
③에서 ⑤로 호구치면
귀의 백은 쉽게 잡히지
않는 형태이다.

그림4 (정확한 대응)

백①에는 흑❷가 이 경
우 최선이자 최강의 대응
이다. 그러면 백은 ③으
로 달아나는 정도이니 그
때 흑❹로 백 한 점을 제
압해 귀의 실리가 크게
굳어진다. 변의 백돌은
여전히 공격 대상.

그림5 (공격의 요령)

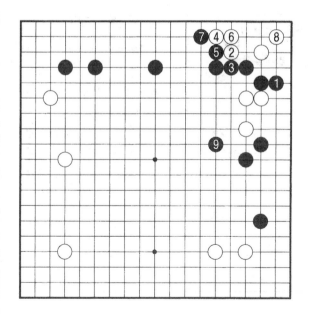

흑❶ 때 백②로 두면 귀
의 백은 수습이 가능하
다. 계속해서 흑❸에는
백④의 마늘모 이하 ⑧
까지가 수습의 요령. 그
러나 선수를 얻은 흑이
❾로 공격하면 흑이 절대
유리한 결말이다.

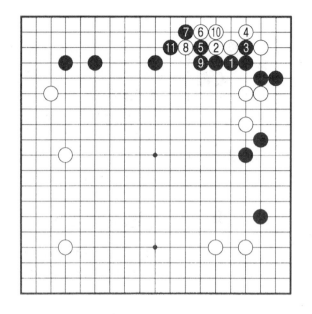

그림6 (백의 변화)

흑❶ 때 백②로 움직인다면 흑❸으로 찌르고 ❺로 두 점 머리를 두드리는 것이 행마의 요령. 계속해서 백⑥으로 젖힌다면 흑❼로 이단젖히고 ⓫까지 강력한 세력을 구축해서 대만족이다.

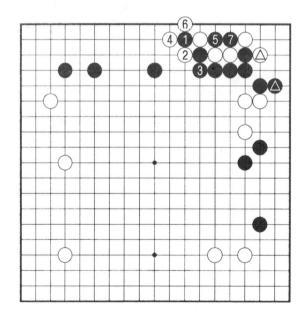

그림7 (흑, 충분)

흑❶ 때 백②·④로 흑한 점을 잡는다면 흑은 ❺·❼로 귀의 실리를 차지해 충분한 모습이다. 결국 장면도에서 백△로 3·三 침입한 수는 흑▲로 내려서는 수에 의해 백이 좋지 않다는 결론이다.

아생연후라야…

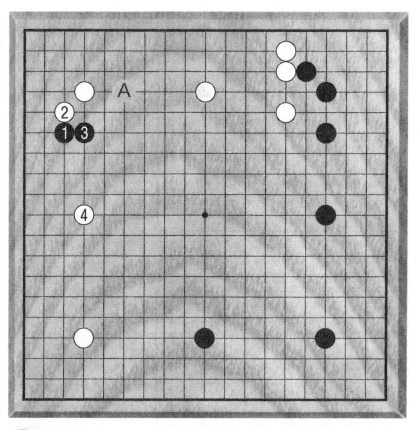

● 둘 차례

흑❶로 걸쳤을 때 백②로 마늘모 붙인 수는 이 경우 좋지 않다. 계속해서 흑❸으로 올라선 수는 절대수인데, 백④가 함정수의 의미를 짙게 내포한 수단이다. 백④로는 A에 받는 것이 보통. 그렇다면 흑은 이 경우 어떻게 응수하는 것이 최선일까?

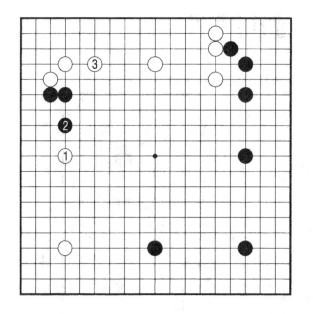

그림1(백의 의도)

백①때 흑❷의 한 칸은
백의 함정수에 말려든 수
이다. 백③으로 귀를 받
고 보면 변으로 전개한
흑의 형태가 옹색한 모습
이다.

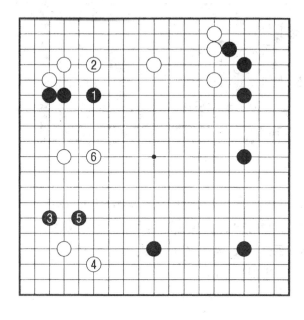

그림2(백, 충분)

흑❶로 한 칸 뛰는 수 역
시 찬성할 수 없다. 백②
면 흑은 ❸으로 걸쳐 공
격 자세를 취해야 하는
데, 백④·⑥으로 응수,
오히려 흑돌이 양곤마의
형태가 된다.

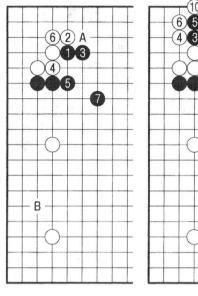

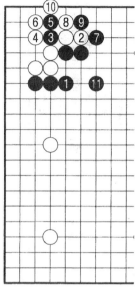

그림3(정확한 대응)

이 경우 흑은 ❶로 붙이는 것이 좋은 수단이다. 계속해서 백은 ②이하 ⑥까지 귀를 보강하는 정도이니, 흑❼로 날일자해 튼실한 형태를 갖출 수 있다. 다음 흑은 A·B를 맞보기로 해서 충분하다.

그림4(사석전법)

앞 그림의 수순 중 흑❶때 백이 ②로 밀고 나온다면 흑❸으로 끊는 것이 좋은 수이다. 백④에는 흑❺가 상용의 사석전법으로 흑은 이하 ⓫까지 이상적인 형태를 갖추어 대만족이다.

그림5(흑의 변화)

흑❶, 백② 때 흑❸은 이 경우 악수. 백은 ④가 호착으로 이하 백⑧까지 한 점을 선수로 빵따내고 상변을 크게 구축해서 활발한 모습이다.

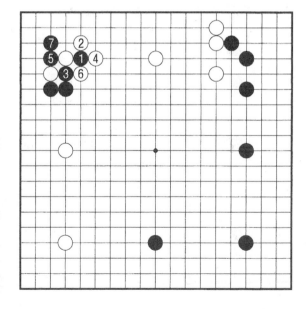

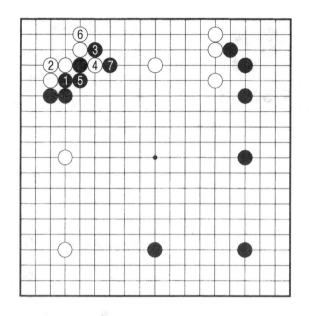

그림6 (흑의 의도)

흑❶은 백②로 받아 달
라는 뜻이다. 백②에는
흑❸의 이단젖힘이 준비
된 맥점. 계속해서 백은
④로 단수치고 ⑥에 빠지
는 정도이며, 흑은 ❼까
지 백 한 점을 축으로 잡
을 수 있다.

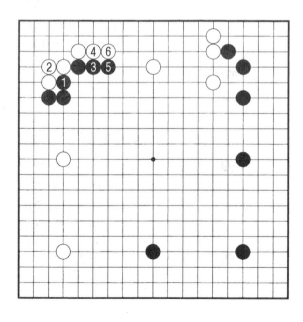

그림7 (기세 부족)

흑❶, 백② 때 흑이 ❸으
로 느는 것은 맥빠진 수
로 기세 부족이다. 백④·
⑥으로 변의 백돌과 연결
되면, 흑은 상대에게 실
리를 굳혀 주었을 뿐 아
니라 흑 전체도 여전히
공격받는 모습이다.

중앙 진출을 모색

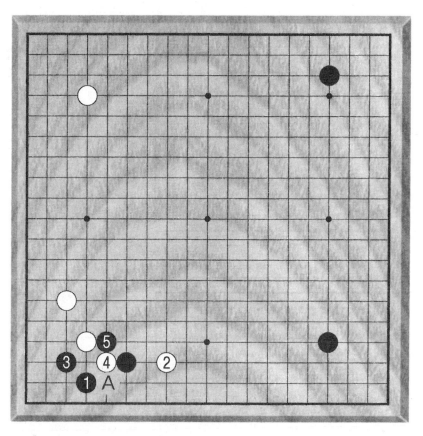

🌑 둘 차례

흑❶ 때 백②는 변과 중앙을 중시한 수법이다. 계속해서 흑❸, 백④까지는 극히 상식적인 진행인데, 흑❺가 함정수의 의미를 내포한 수이다. 흑❺로 A에 받으면 보통이다. 그렇다면 이 경우 백은 어떻게 두는 것이 최선일까?

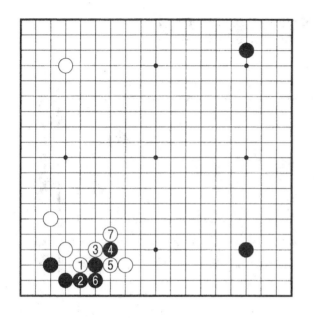

그림1(정석)

백①　때　흑❷로　받으면 보통이다. 계속해서 백은 ③으로 호구쳐서 중앙을 봉쇄하게 되는데, 흑❹로 젖힌다면 백⑤를 선수한 후 ⑦로 단수쳐서 흑 한 점을 축으로 잡을 수 있다.

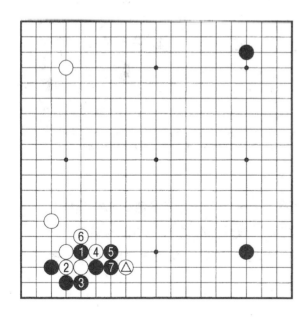

그림2(함성수의 의도)

흑❶의 의도는 백②로 이어 달라는 것이다. 백 ②에는 흑❸으로 연결한 후 백④ 때 흑❺·❼로 두어 백△ 한 점을 무력 화시킬 수 있다.

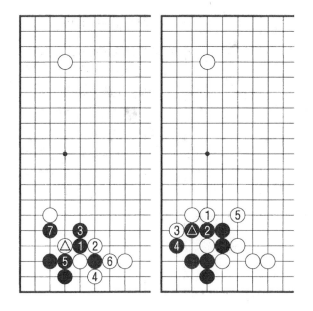

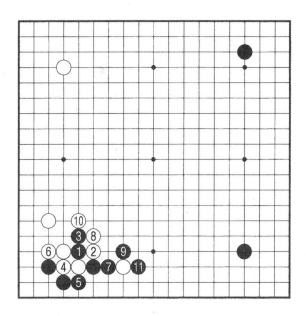

그림3(정확한 대응)

흑❶에는 백②·④로 처리하는 것이 정확한 대응이다. 얼핏 흑❺·❼이면 백△ 한 점이 장문으로 잡혀 불리할 것 같지만 백은 흑의 약점을 이용해서 형태를 정비하는 후속 수단을 준비하고 있다.

그림4(후속 수단)

흑△에는 백①·③이 기분 좋은 선수활용이 된다. 흑❹로 막은 것은 기세상 불가피한데 백⑤가 준비해 둔 장문의 맥점이다. 이 결과는 흑의 실리에 비해 백의 두터움이 돋보이는 결말이다.

그림5(백의 강공책)

흑❶ 때 백②로 단수친 후 ④에 잇는 것은 이후 다소 복잡한 변화를 동반한다. 이하 흑⓫까지가 기본형인데, 이 결과는 흑 두 점을 잡은 백의 형태가 두텁지만 흑도 전혀 불만 없는 갈림이다.

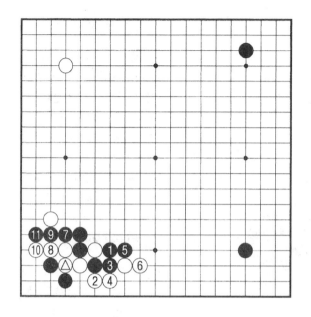

그림6 (흑의 변신)

백△ 때 흑❶로 변신하는 수도 유력하다. 백②·④에는 흑❸·❺를 선수한 후 ❼로 뚫는 것이 예정된 수순. 백⑧로 나가고 이하 흑⑪까지 일단락인데, 이후 흑은 유력한 노림을 간직하고 있다.

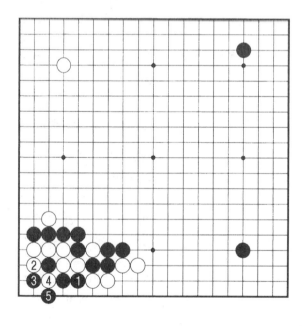

그림7 (패 노림)

앞 그림 이후 흑은 기회를 보아 ❶로 끊는 노림을 간직하고 있다. 백②에는 흑❸·❺로 되받아쳐서 패가 되는데, 흑으로선 꽃놀이패나 다름없다.

기세의 충돌

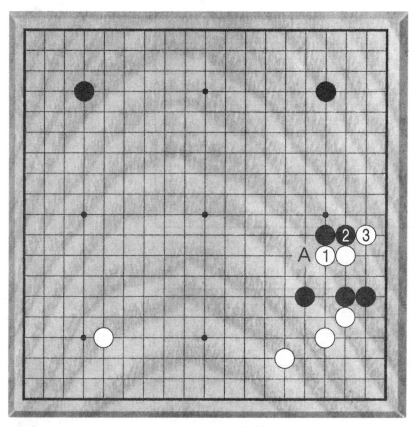

● 둘 차례

백① 때 흑❷로 막는 것은 요근래 개발된 신형으로 변을 중시하고자
할 때 유력한 수단이다. 계속해서 백이 A에 뻗으면 보통인데, 백③
으로 젖힌 수가 정석에 없는 함정수의 일종이다.
이 경우 흑은 어떻게 응수하는 것이 최선일까?

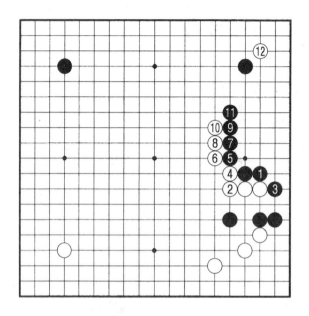

그림1(기본형)

흑❶이면 백②로 뻗는 것
이 정수. 계속해서 흑❸
으로 넘고 백④ 이하 흑
⓫까지가 기본형으로 되
어 있다. 흑은 실리를, 백
은 세력을 얻는 갈림이
되는데, 쌍방 충분히 둘
수 있는 모습이다.

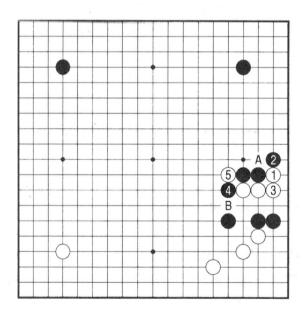

그림2(백의 의도)

백①로 젖힌 의도는 흑❷
로 막아 달라는 것이다.
흑❷에는 백③으로 잇고
난 다음 흑❹ 때 백⑤로
끊자는 것이 백의 노림이
다. 계속해서 흑은 A와 B
의 약점 두 군데가 동시
에 생긴다.

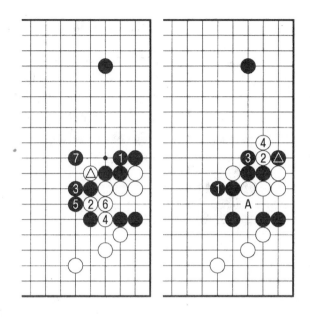

그림3(백, 만족)

앞 그림 다음 흑은 ❶로 잇는 정도이다. 그러나 백②로 단수친 후 이하 ⑥까지 흑 두 점을 취하면 백의 실리가 돋보이는 모습이다. 장문으로 잡힌 백△ 한 점도 여러모로 활용이 가능한 형태이다.

그림4(흑, 불만)

흑이 앞 그림의 수순을 따르지 않고 ❶로 두는 것은 더욱 좋지 않다. 백②로 끊은 후 ④에 뻗어 흑▲ 한 점이 잡히고 보면 흑으로선 손해가 막심하다. 장차 A의 약점도 흑으로선 부담이다.

그림5(올바른 대응)

백①에는 흑❷가 이 경우 올바른 대응이다. 계속해서 백은 ③으로 젖히는 것이 최선인데, 그러면 흑은 ❹·❻을 선수한 후 이하 ⓬까지 중앙을 두텁게 봉쇄한다. 흑이 유리한 결말.

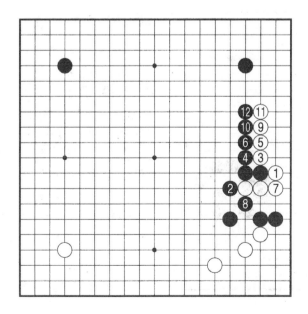

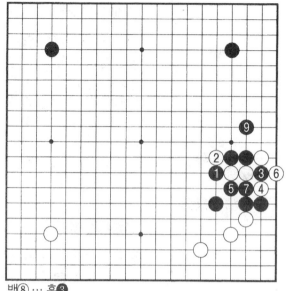

백⑧ … 흑❸

그림6(백, 전멸)

흑❶ 때 백②로 맞끊어 싸움을 걸어온다면 흑❸으로 끊는 맥점이 기다리고 있다. 백④의 단수엔 흑❺·❼로 죄어붙인 후 흑❾로 한 칸 뛰면 백 전체가 잡힌 모습.

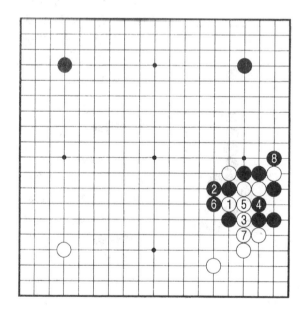

그림7(백, 망함)

백이 앞 그림의 진행을 피해 ①·③으로 변화한다면 흑❹·❻을 선수한 후 ❽로 단수쳐서 백 한 점을 잡는 것이 좋은 수순이다. 이 결과는 흑의 실리가 클 뿐 아니라 중앙도 두터워 백이 망한 모습이다.

수순 착오

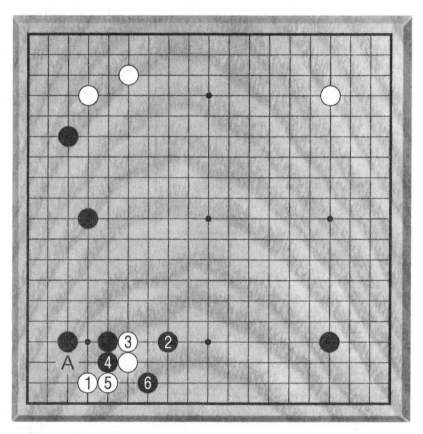

🌑 둘 차례

백①로 날일자했을 때 흑❷의 협공은 현대에 와서 개발된 수법이다. 계속해서 백③으로 밀어올리고 흑❹, 백⑤까지는 정석적인 수순인데, 흑❻으로 날일자해 들여다본 수가 주문을 내포한 함정수의 일종이다. 흑❻으로는 A의 쌍립이 보통. 그렇다면 백은 이 경우 어떻게 두는 것이 최선일까?

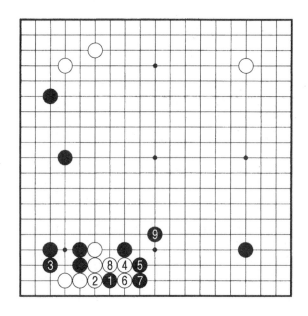

그림1(흑의 주문)

흑❶의 의도는 백②로 이어 달라는 것이다. 백 ②에는 흑❸으로 쌍립하는 것이 침착한 호착. 다음 백이 자체 안정을 도모하기 위해 ④로 건너붙인다면 흑❺ 이하 ❾까지 처리해 대만족이다.

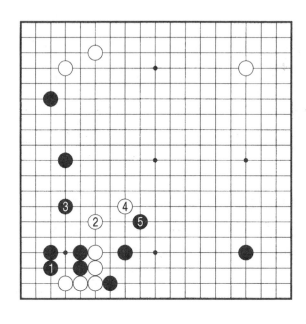

그림2(흑, 충분)

흑❶ 때 백②로 한 칸 뛰는 수는 흑❸으로 지키는 자세가 좋아 별 무신통이다. 계속해서 백④로 날일자한다면 흑❺가 좋은 행마법. 백 전체에 대한 공격을 노릴 수 있는 만큼 흑이 좋다.

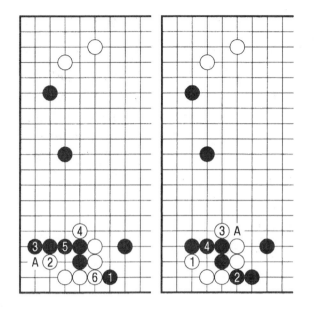

그림3 (올바른 대응)

흑❶ 때 백은 ②로 두는 것이 올바른 대응수단이다. 흑❸으로 내려선다면 백④, 흑❺를 선수한 후 백⑥으로 잇는 것이 수순. 이 형태는 언제든지 A로 막으면 완성할 수 있는 만큼 백이 유리하다.

그림4 (백, 곤란)

흑은 기세상 ❷로 끊는 한 수이다. 이어서 백③으로 젖히는 것은 이 경우엔 무리수이다. 흑❹로 잇고 나면 귀의 백이 아직 미생일 뿐 아니라 A의 단점까지 남으니 백이 곤란한 모습이다.

그림5 (맥점)

흑❶에는 백②가 행마의 급소로 이 경우 적절한 맥점이다. 계속해서 흑❸으로 내려선다면 백④에 끼우고 ⑥으로 이어 흑 두 점을 잡을 수 있다. 이 결말은 귀의 실리가 크므로 백이 유리하다.

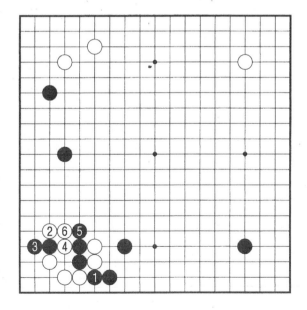

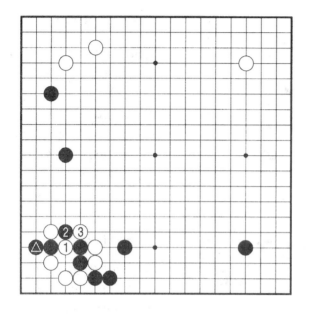

그림6 (환격)

백① 때 흑이 앞 그림처럼 처리하지 않고 ❷로 단수 치는 수는 성립하지 않는 다. 백③으로 단수치는 순 간 흑 두 점이 환격으로 잡힌 모습. 결국 흑△는 악수였다는 결론이다.

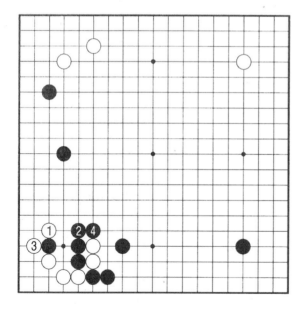

그림7 (백, 만족)

백① 때 흑은 ❷로 뻗는 것이 정수이다. 다음 백 ③, 흑❹로 형태가 일단 락된 모습. 이 결과는 부 분적으로는 쌍방 호각이 지만 주변 돌의 배석상 가치가 큰 좌변을 차지한 백이 유리하다.

필연의 바꿔치기

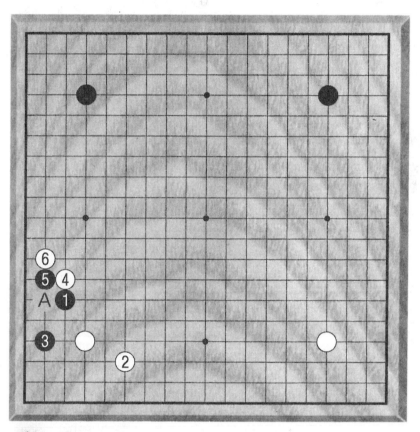

● 둘 차례

흑❶로 걸치고 백②, 흑❸까지는 실전에 흔히 등장하는 기본형이다.
흑❺로 젖힌 것은 백④에 대한 하나의 응수법인데, 백⑥으로 되젖힌
수가 주문을 내포한 함정수의 일종이다. 백⑥으로는 A에 끊는 것이
보통. 그렇다면 흑은 이 경우 어떻게 두는 것이 최선일까?

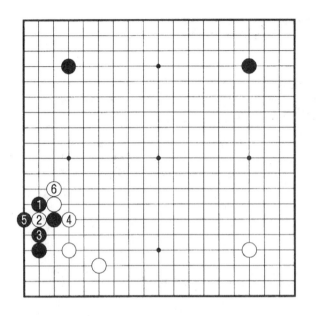

그림1(정석)

흑❶때 백②로 끊는다면
보통. 계속해서 흑❸으로
단수쳐서 백 한 점을 잡
은 것은 간명을 기한 것
으로 이하 백⑥까지가 기
본형이다.

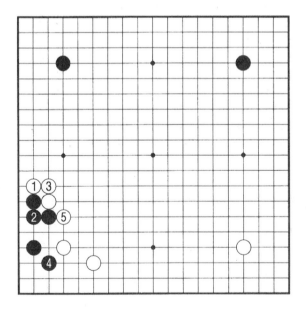

그림2(백의 의도)

백①로 되젖힌 의도는 흑
❷로 이어 달라는 것이
다. 흑❷면 백③으로 잇
는 것이 두터운 수법.
다음 흑은 ❹로 마늘모하
는 정도이니, 백⑤로 봉
쇄해서 이 결과는 백이
두텁다.

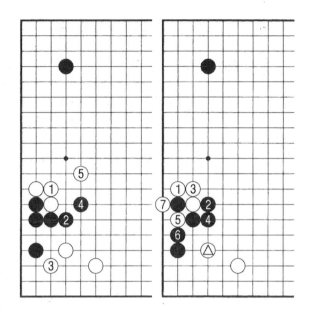

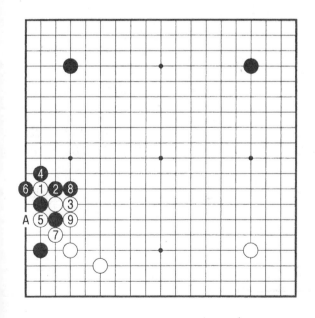

그림3 (미생마)

백① 때 흑이 앞 그림의 진행을 피해 ❷로 올라선다면 백③이 흑의 근거를 박탈하는 요점. 근거가 박약한 흑은 ❹로 중앙 진출을 시도할 수밖에 없는데, 백⑤로 추격당하면 앞 그림보다도 더욱 나쁜 결과이다.

그림4 (흑, 불만)

백① 때 흑❷로 단수친 후 ❹에 잇는 변화도 고려할 수 있다. 그러나 백⑤·⑦로 흑 한 점을 따내고 보면 백△ 한 점이 안성맞춤으로 형태의 급소에 와 있다.

그림5 (흑의 간명책)

백① 때 흑❷·❹가 함정수에 대한 가장 알기 쉬운 대응책이다. 흑❷·❹면 백은 이하 ⑨까지 귀의 실리를 차지하게 되며, 피차 충분히 둘 수 있는 갈림이다. 이 형태는 장차 A에 젖히는 패가 관건이다.

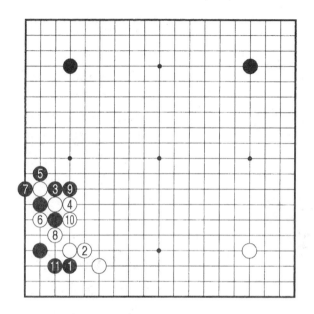

그림6(흑의 활용수)

흑은 ❶로 붙여 백의 응수를 살피는 것이 재미있다. 백②면 흑❸ 이하 ❾까지 앞 그림과 똑같은 수순을 밟는다. 그러나 백⑩ 때 흑⓫로 귀에서 사는 수단이 남는다는 것이 앞 그림과 큰 차이점이다.

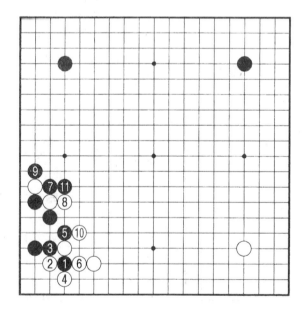

그림7(흑, 만족)

흑❶ 때 백②로 반발한다면 흑❸으로 끊은 후 백④, 흑❺까지 선수로 교환해 두는 것이 수순이다. 백⑥을 기다려 흑❼로 끊고 이하 ⓫까지 처리하는 것이 훌륭한 대응. 흑은 백의 함정수를 멋지게 응징했다.

무리한 봉쇄

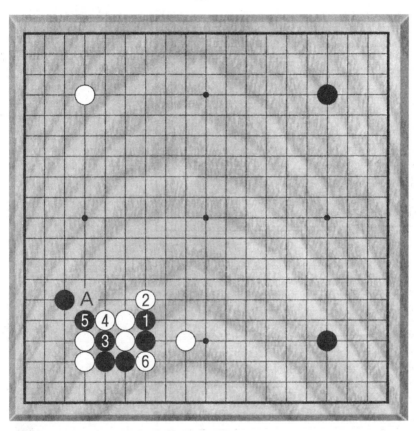

● 둘 차례

흑❶로 밀어올렸을 때 곧장 백②로 막은 것은 무리수. 백②로는 A에
붙이는 것이 정수이다. 계속해서 흑❸ · ❺로 나가 끊은 것이 백의 무
리수를 추궁하는 통렬한 수순이다. 흑❺ 때 백⑥으로 절단한 것은 최
강의 저항인데, 이후의 수순을 살펴보기로 한다.

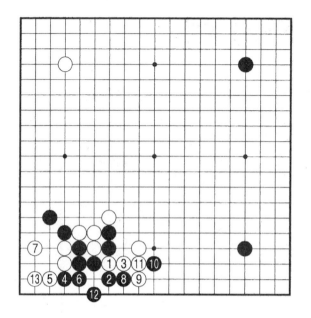

그림1(흑, 불만)

백①　때　흑❷로　단수친
후　❹·❻으로　젖혀　이어
삶에　연연하는　것은　매우
좋지　않다.　백⑤·⑦이면
흑은　이하　⓬까지　자체
삶을　도모하는　정도인데,
중앙의　흑돌이　약해진　만
큼　백이　유리하다.

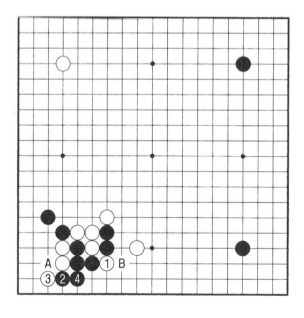

그림2(흑의 정수)

백①의　절단에는　흑❷·
❹로　젖혀　잇는　것이　백
을　궁지에　몰아넣는　좋은
수순이다.　이후　흑은　A에
끊어　귀를　차지하는　수와
B에　단수쳐서　백①의　한
점을　잡는　수를　맞보기로
하고　있다.

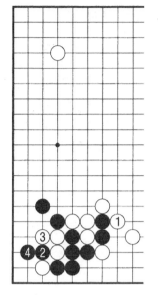

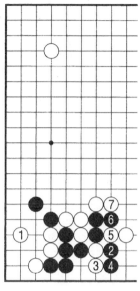

그림3(흑, 만족)

앞 그림 다음 백①로 단수쳐서 흑 두 점을 잡는다면 흑❷로 끊는 수가 성립한다.

백③으로 저항해 보려고 해도 흑❹로 나가고 나면 더 이상 수단의 여지가 없는 모습.

그림4(백의 저항)

백①로 한 칸 뛰는 것이 백으로선 최강의 저항이다. 계속해서 흑❷로 단수친 후 ❹로 막는 것은 대악수. 백⑤·⑦이면 흑 석 점이 축으로 잡혀 이것은 흑이 궤멸이다.

그림5(흑, 망함)

흑❶로 단수친 후 백② 때 흑❸으로 젖힌 것은 많이 생각한 수. 그러나 백에겐 ④·⑥을 선수한 후 ⑧로 호구치는 수가 준비되어 있다. 흑▲ 다섯 점은 수상전에서 한 수 부족이다.

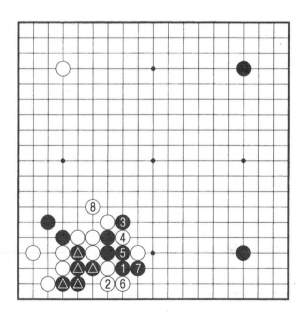

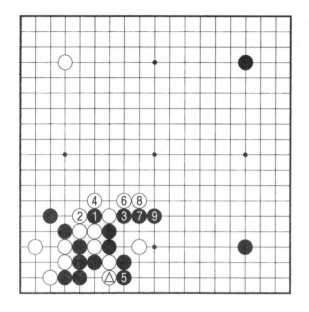

그림6 (올바른 수순)

백△에는 흑❶ · ❸으로 보강하는 것이 좋은 수순이다. 백④ 때 흑❺로 막으면 백 두 점을 잡을 수 있다. 이 다음 백⑥ · ⑧에는 흑❼ · ❾까지 응수해 흑이 유리한 결말이다.

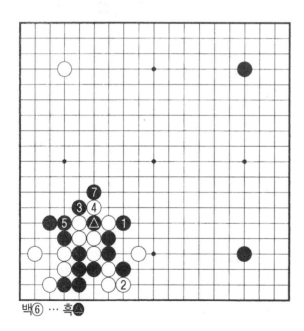

백⑥ … 흑△

그림7 (회돌이축)

흑❶ 때 백이 앞 그림의 진행을 피해 ②로 반발하는 수는 성립하지 않는다. 흑❸ · ❺로 돌려친 후 이하 흑❼까지 단수해 가면 이것은 회돌이축으로 백 일곱 점이 속절없이 잡힌다.

난전을 회피

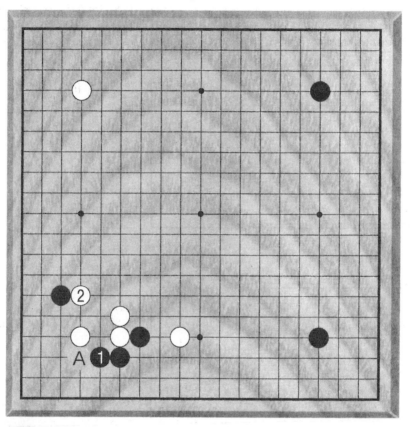

● 둘 차례

좌하귀에서 화점 정석이 진행 중이다. 흑❶은 형태상의 급소로 대형 정석으로 가는 출발점이다. 계속해서 백이 A로 막으면 매우 난해한 변화가 예상되는데, ②로 붙여 흑의 응수를 물어온 장면이다. 백②는 흑의 응수 여하에 따라 이득을 취하겠다는 속셈인데, 이에 대한 최선의 대응책은?

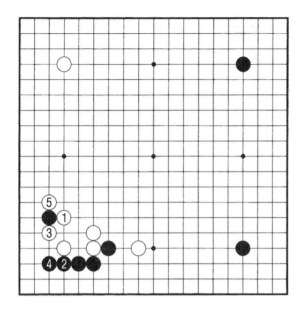

그림1(백, 만족)

백① 때 흑❷가 기세처럼 보이지만 이 경우엔 좋지 않다. 백③이 호구자리 급소. 다음 흑❹를 기다려 백⑤로 단수치면 흑의 실리에 비해 백의 두터움이 돋보이는 결과이다.

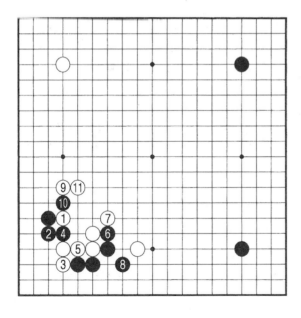

그림2(흑, 불만)

백① 때 흑❷도 고려할 수 있지만 이 역시 찬성할 수 없다. 백③으로 막는 것이 공격의 급소. 흑은 ❹ 이하 ❽까지 안정할 수밖에 없는데, 백⑨가 통렬한 일격이 되고 있다. 백⑪까지 흑 불만.

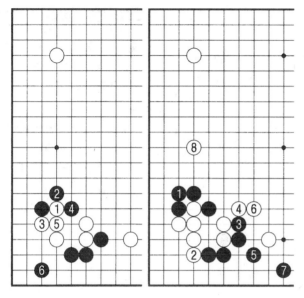

그림3(정확한 대응)

백①에는 흑❷로 젖히는 한 수이다. 다음 백③에는 흑❹가 기분 좋은 선수활용이다. 계속해서 흑❻으로 날일자한 수가 놓칠 수 없는 근거의 요처로 위쪽의 흑 석 점은 가볍게 보는 것이 좋다.

그림4(흑, 무거움)

흑이 앞 그림처럼 A에 두지 않고 ❶로 잇는 것은 무거운 착상이다. 백②가 공격의 급소점. 흑은 ❸으로 밀어올린 후 이하 ❼까지 안정을 서두를 수밖에 없는데, 백⑧이 통렬한 협공수가 된다.

그림5(흑, 발빠름)

흑▲로 날일자하면 백은 ①로 막는 정도이다. 계속해서 흑❷로 전개하는 것이 날렵한 수법으로 이 경우 올바른 행마법. 이후 백이 ③·⑤로 흑 한 점을 따낸다면 흑❻으로 걸쳐서 흑이 활발하다.

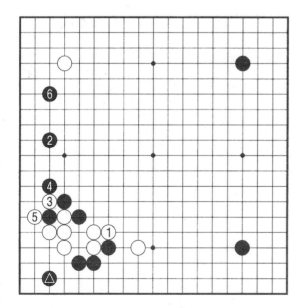

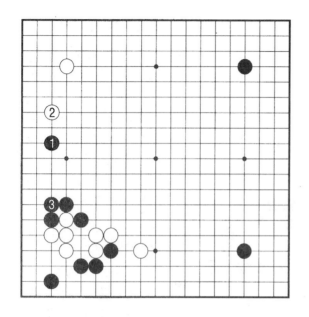

그림6(흑의 이상형)

흑❶ 때 백이 앞 그림의 진행을 피해 ②로 다가선 다면 흑❸으로 잇는 것이 좋다.

이 결과는 흑이 좌하귀를 차지했을 뿐 아니라 좌변 에서도 이상적인 형태를 갖춘 모습이다.

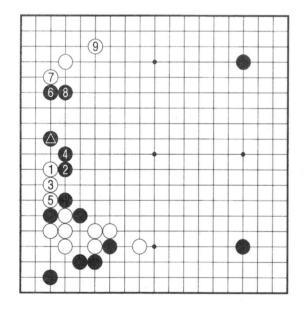

그림7(쌍방 호각)

흑⚠에는 백①로 침입하 는 것이 최선이다. 흑❷ 의 붙임에는 백③·⑤로 실리를 차지하는 것이 요 령으로 이하 백⑨까지 쌍 방 호각의 갈림이다.

진출의 요령

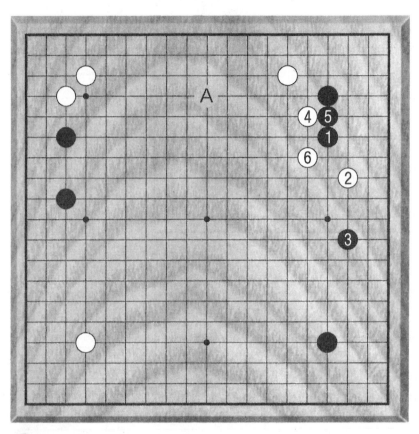

● 둘 차례

흑❶로 한 칸 뛰었을 때 백②의 다가섬은 급격한 수로 A 정도에 벌려
두는 것이 보통이다. 계속해서 흑❸으로 협공한 것은 당연한데, 백④
로 들여다본 후 ⑥으로 씌운 수가 전형적인 함정수의 일종이다. 백
④·⑥은 흑을 봉쇄하겠다는 의도인데, 흑은 어떻게 응수하는 것이
최선일까?

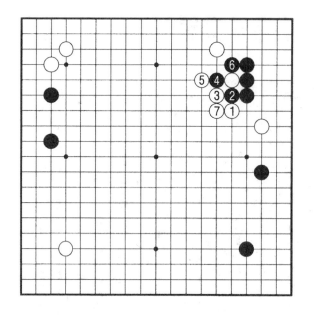

그림1(함정수의 의도)

백① 때 흑❷·❹로 응수하는 것은 백의 함정수에 전형적으로 걸려든 모습이다. 백은 ⑤로 단수친 후 ⑦로 이어 귀의 흑을 봉쇄할 수 있다.

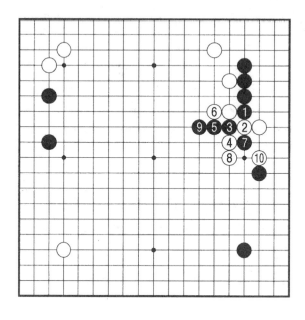

그림2(흑, 불만)

흑❶·❸은 앞 그림에 비해 강력한 의미가 있지만 백④·⑥이 적절한 응수여서 좋은 결과를 기대하기 힘들다. 언뜻 흑❼로 끊는 수가 성립하는 것 같지만 백⑧이 호착으로 백⑩까지 흑 불만이다.

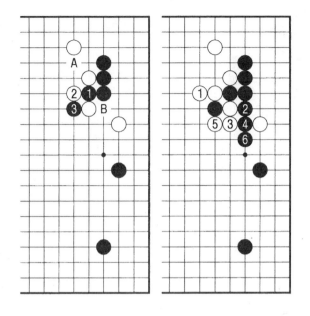

그림3(적절한 응수)

백②때 흑❸이 함정수에 대한 적절한 대응수단이다. 흑은 A와 B를 맞보기로 노리고 있다. 백은 곳곳에 단점이 부각되어 이후 어떻게 변화해도 좋은 결과를 기대할 수 없다.

그림4(흑, 만족)

앞 그림 다음 백이 ①로 뻗는다면 흑❷로 단수친 후 ❹·❻으로 돌파해서 대만족이다. 백은 중앙에 두터움을 형성했지만 흑에게 막대한 실리를 허용한 모습이라 초반에 형세를 그르친 모습.

그림5(백의 최선)

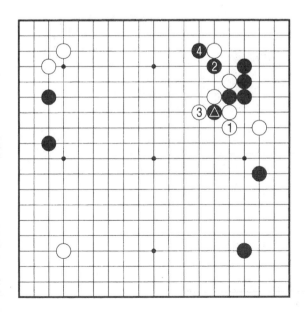

흑▲의 끊음에는 백①로 두는 정도이다. 흑은 ❷로 붙이는 것이 익혀둘 만한 행마법. 이 다음 백은 ③으로 흑 한 점을 축으로 잡고 흑은 ❹로 젖혀 백 한 점을 잡는 갈림이 되는데 흑의 실리가 크다.

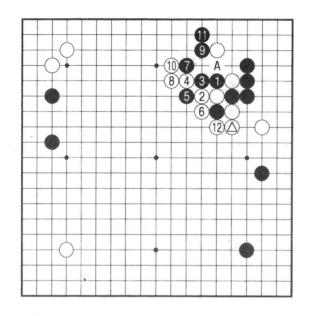

그림6(백, 만족)

백△ 때 흑이 A에 붙이지 않고 ❶로 단수치는 것은 전형적인 속수의 표본. 백②로 뻗고 흑❸이하 백 ⑫까지가 예상되는 진행 인데, 중앙이 두텁게 봉 쇄된 모습이라 흑이 불리 한 결말이다.

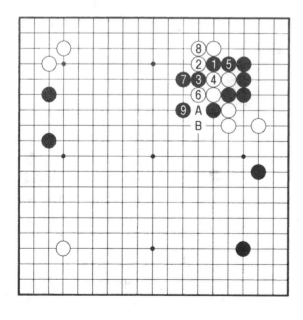

그림7(백, 곤란)

흑❶ 때 백②라면 흑❸으 로 되젖히는 것이 행마의 요령. 계속해서 백④ 이하 ⑧로 움직이는 것은 무거 운 행마법으로 흑❾까지 공격받아 곤란하다. 이후 백A라면 흑B이다.

양 호구의 까닭은?

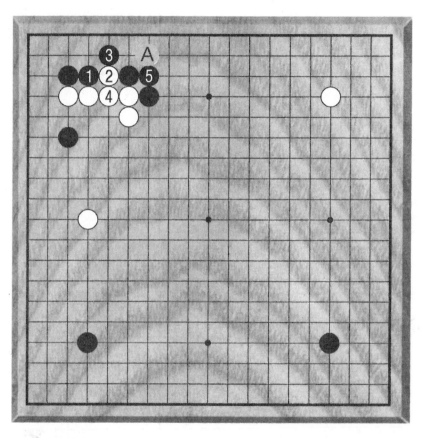

● 둘 차례

흑❶ 때 백②·④로 끼워 이은 것은 두점머리 급소를 방비하면서 흑 모양에 단점을 만드는 적절한 행마법이다. 계속해서 흑은 끊기는 단점을 보강해야 하는데, 흑❺로 이은 수가 함정수의 일종. 흑❺는 A의 호구가 정수이다. 그렇다면 백은 이 경우 어떻게 대응하는 것이 최선일까?

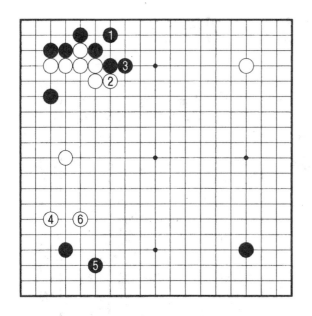

그림1(평범한 진행)

흑❶로 호구치면 백②의 꼬부림이 두터운 선수활용이다. 계속해서 흑❸으로 느는 것을 기다려 백④·⑥으로 좌변을 키우는 진행이 되며, 이 그림은 피차 불만 없는 갈림이다.

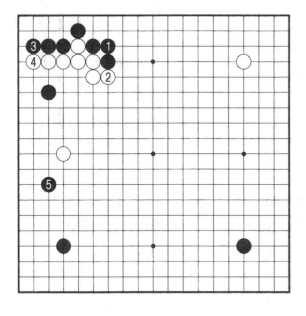

그림2(흑의 의도)

흑❶은 백②로 받아 달라는 뜻이다. 다음 흑❸이 기민한 선수활용. 계속해서 백은 ④로 막을 수밖에 없는데, 그림1과 달리 흑이 선수라는 것이 커다란 차이점이다.

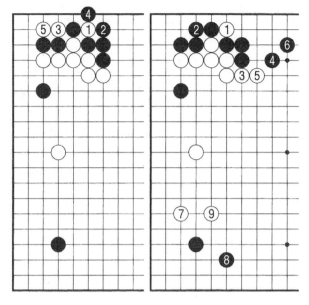

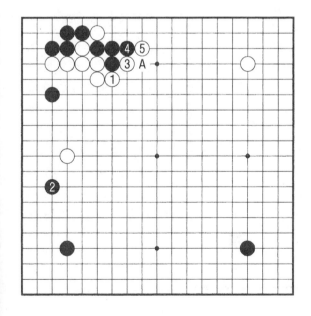

그림3(올바른 대응)

앞 그림의 백②로는 ①로 끊는 것이 적절한 응징수단이다. 흑이 ❷로 단수쳐서 백 한 점을 잡는다면 백③·⑤로 귀의 흑 두 점을 접수한다. 이 결과는 흑의 두터움에 비해 귀의 실리가 크다.

그림4(백, 충분)

백①로 끊으면 흑은 ❷로 잇는 정도이니 백③의 꼬부림이 선수라는 것이 그림2와의 차이점. 다음 흑 ❹로 한 칸 뛴다면 재차 백⑤를 선수한 후 ⑦·⑨로 손을 돌려 충분하다.

그림5(흑의 반발)

백① 때 흑이 앞 그림의 진행을 피해 ❷로 반발한다면 백③·⑤로 강력하게 이단젖히는 수단이 준비되어 있다. 이 수로 약점이 생기는 것을 두려워해 A에 느는 것은 싱겁다.

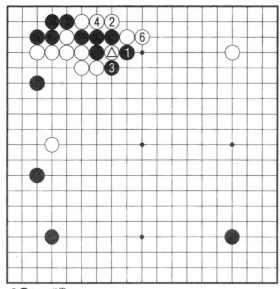

흑❺ … 백△

그림6(흑, 곤란)

앞 그림에 이어 흑❶이면
백②·④로 돌려치는 강
수가 성립한다. 흑❸·❺
가 부득하므로 백⑥까지
흑이 불리한 싸움이다.
흑으로선 중앙도 미생이
지만 귀가 아직 완생이
아니라는 점이 고민이다.

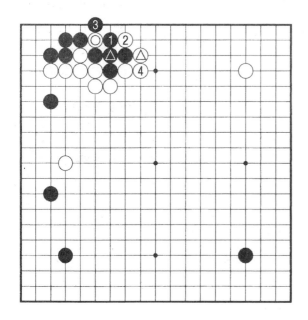

그림7(백, 두터움)

백△의 이단젖힘에 대해
흑은 ❶로 백 한 점을 잡
는 정도인데, 백②·④까
지 백의 형태가 두터워
흑이 불리한 갈림이다.
결국 흑△의 함정수는 백
◎의 끊음이 호수여서 흑
이 어떻게 두어도 좋은
결과를 기대할 수 없다.

급소를 선점

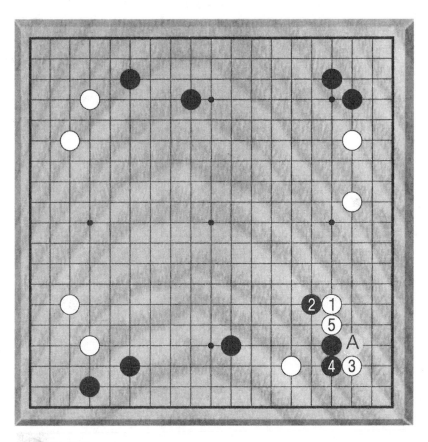

◯ 둘 차례

백①로 양걸침했을 때 흑❷로 붙인 것은 하변을 중시한 것. 계속해서 백③으로 3·三 침입하고 흑❹로 막은 것까지는 평범한 진행인데, 백⑤로 치받은 것이 주문을 내포한 함정수의 일종이다. 백⑤는 A에 미는 것이 보통. 그렇다면 흑은 어떻게 응수하는 것이 최선일까?

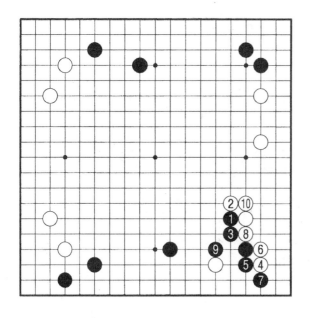

그림1(보통의 진행)

흑❶로 붙였을 때 백이 ②로 젖힌 후 흑❸ 때 백 ④에 침입하면 가장 보통 이다. 계속해서 흑❺로 막고 백⑥ 이하 ⑩까지의 진행이 예상되며, 이것은 쌍방 불만 없는 무난한 갈림이다.

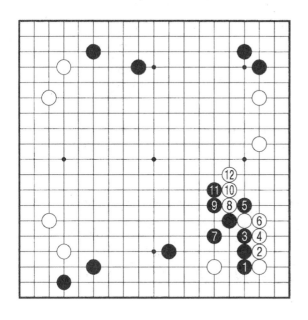

그림2(쌍방 무난)

흑❶에 백이 ②로 두면 무난한 갈림이다. 이 다음 흑❸으로 치받고 백④ 에 흑❺ 이하 백⑫까지가 기본형이다. 이 결과는 우변 백의 실리가 크지만 하변 흑세력도 웅장하므 로 쌍방 호각이다.

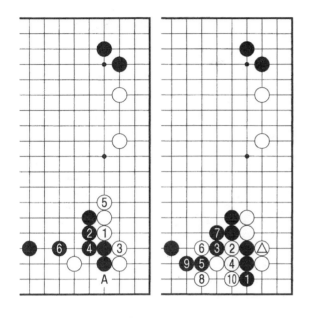

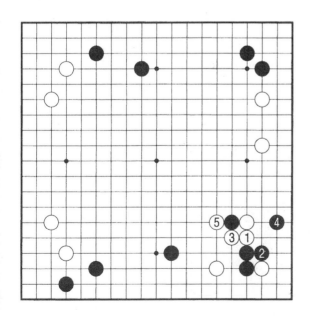

그림3(함정수의 의도)

백①은 흑②로 받아 달라는 것이다. 백③ 이하 ⑤까지의 진행이면 백은 능률적인 형태를 갖출 수 있다. 이후 흑은 ⑥으로 백 한 점을 제압하는 정도인데, 백A의 선수 끝내기가 남아 흑집이 별게 없다.

그림4(지나친 욕심)

백△ 때 그림3의 진행을 피해 흑①로 내려서는 것은 욕심이 지나친 수이다. 백②의 끊음이 통렬한 수. 흑③·⑤는 최강으로 맞선 수이지만 이하 백⑩까지 흑 석 점이 잡혀 큰 손해를 초래한다.

그림5(정확한 대응)

백①에는 흑②로 뚫는 것이 기세이자 백의 함정수에 대한 정확한 응수이다. 백③, 흑④, 백⑤까지는 필연적인 진행으로, 흑은 선수를 잡아 큰 곳에 선행할 수 있는 만큼 충분히 둘 수 있다.

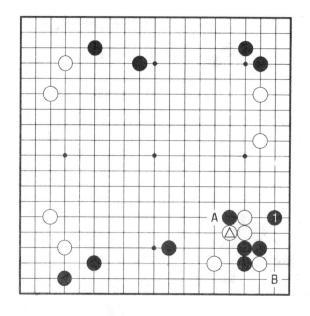

그림6(흑의 약점)

앞 그림의 수순 중 백△
때 흑은 ❶로 날일자해서
백A와 교환해 두어야 한
다. 이 수순을 생략하면
역으로 둔 백①이 급소가
된다. 백① 때 흑이 또다
시 손을 빼면 백B로 귀의
흑이 위험해진다.

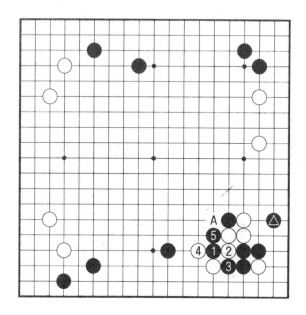

그림7(백, 곤란)

반대로 흑△ 때 백이 A에
두지 않고 다른 큰 곳에
손을 돌리는 것은 찬성할
수 없다. 흑❶의 건너붙
임이 백의 약점을 찌르는
통렬한 맥점. 백②·④에
는 흑❸·❺로 맞서는 것
이 최강이며, 좋은 수순
이어서 백이 곤란하다.

마늘모의 방향

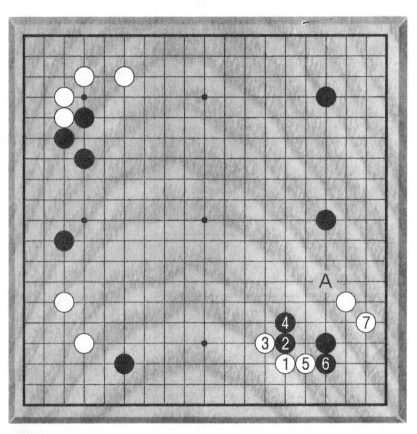

● 둘 차례

백①로 양걸침했을 때 흑❷로 붙이고 백③ 이하 흑❻까지는 실전에 흔히 등장하는 기본형이다. 계속해서 백이 A에 마늘모하면 평범한 진행인데 백⑦로 2선에 둔 수가 함정수의 일종이다. 백⑦은 흑의 근거를 박탈하겠다는 의도인데, 흑은 어떻게 응수하는 것이 최선일까?

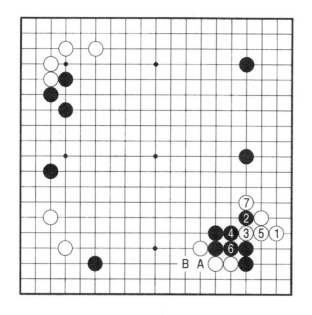

그림1 (함정수의 의도)

백① 때 흑❷로 붙이는 것은 함정수에 말려든 수이다. 흑❷ 때 백③·⑤로 끼워 잇는 것이 흑의 약점을 추궁하는 좋은 수순. 흑은 포도송이처럼 똘똘 뭉친 모습. 이후 흑 A에는 백B로 별게 없다.

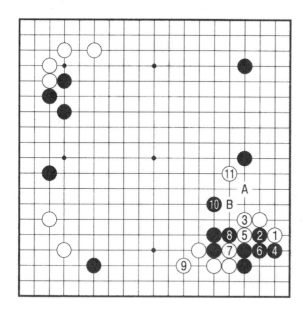

그림2 (흑, 불리한 싸움)

백① 때 흑❷도 고려할 수 있다. 그러나 백③이 침착한 호착. 흑❹에는 백⑤·⑦이 강력한 절단. 흑❽·❿에는 백⑨·⑪로 응수해 흑이 불리한 싸움. 이후 흑A에는 백B가 묘착이다.

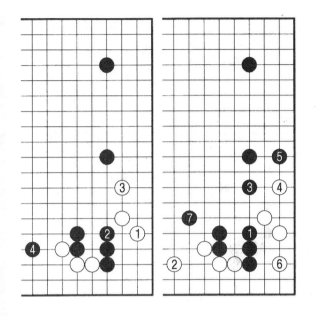

그림3(정확한 대응)

백①에는 흑❷로 쌍립서
는 것이 함정수에 대해
알기 쉬우면서도 가장 강
력한 대응수법이다.
백③ 때 흑❹로 공격해서
흑 성공이다.

그림4(흑, 충분)

흑❶ 때 백이 ②로 날일자
한다면 흑❸으로 한 칸 뛰
어 우변 백 두 점을 공격
하는 것이 좋다. 백④에
는 흑❺로 차단하는 것이
또한 좋은 수로 흑❼까지
중앙을 봉쇄하면 흑의 두
터움이 돋보인다.

그림5(백, 양곤마)

백△ 때 흑은 곧장 ❶로
공격하는 것도 가능하다.
다음 백이 ②로 한 칸 뛴
다면 흑❸을 선수한 후
❺에 협공해서 절대적인
우위를 확립할 수 있다.

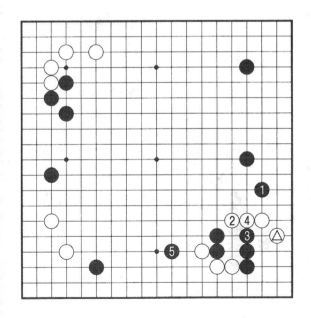

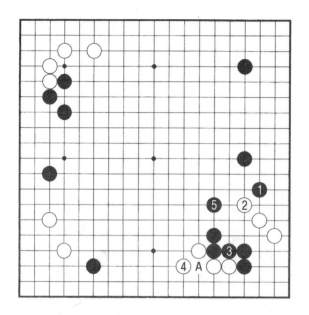

그림6(흑, 충분)

흑❶ 때 백②로 움직이는 수도 고려할 수 있다. 그러나 흑❸으로 이으면 백으로선 A의 약점 때문에 ④로 호구쳐서 보강할 수밖에 없다는 것이 쓰라리다. 흑❺에 씌워 백 석 점을 공격하면 역시 백이 곤란한 형태.

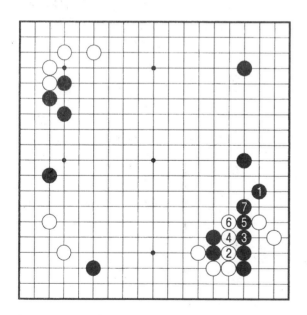

그림7(백의 최선)

백은 ②로 뚫는 한 수. 흑❸에 늦춘 것은 처음부터 예정된 수순이며, 이하 흑❼까지가 예상되는 진행이다. 이 결과는 귀의 실리가 커서 흑이 유리한 결말이지만 백도 두터운 형태를 갖추어 그런 대로 둘 수 있다.

미끼를 물면…

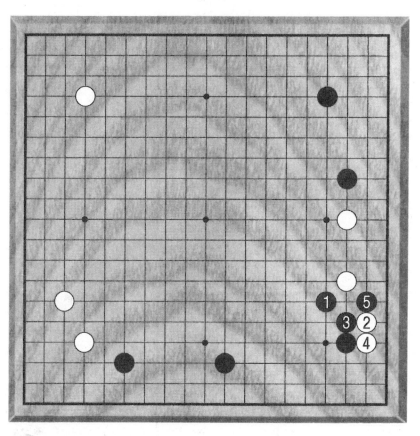

● 둘 차례

흑❶로 씌운 것은 우변 백 두 점을 압박해서 하변을 크게 확장하겠다는 뜻이다. 계속해서 백②로 날일자한 것은 이 경우 정수인데, 흑❸으로 막은 후 ❺에 젖힌 수가 함정수의 일종이다. 그렇다면 백은 어떻게 응수하는 것이 최선일까?

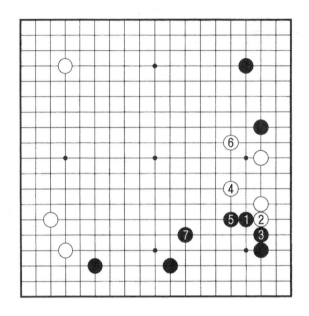

그림1(흑, 만족)

흑❶로 씌웠을 때 백②는 찬성할 수 없는 수이다. 흑❸, 백④때 흑❺가 침착한 호착. 백은 ⑥으로 날일자해서 형태를 갖출 수밖에 없는데, 흑❼로 날일자하면 하변이 이상적으로 굳어진 모습이다.

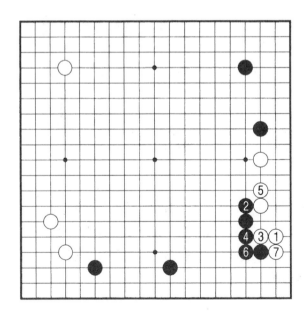

그림2(기본 정석)

백①로 날일자했을 때 흑은 ❷로 미는 것이 정수이다. 계속해서 백③으로 찌르고 흑❹ 이하 백⑦까지가 기본 정석으로 되어 있다. 수순 중 백⑦은 경우에 따라 손을 뺄 수도 있다.

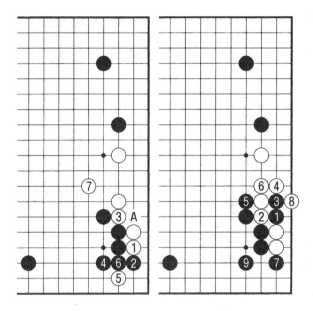

그림3(백, 활발)

백① 때 흑이 A에 젖히지
않고 곧장 ❷로 막으면 백
③의 치받음이 형태상의
급소이다. 흑❹를 기다려
이하 백⑦까지 처리하면
백이 활발한 결말이다.

그림4(함정수의 의도)

흑❶ 때 백②는 흑의 함
정수에 말려드는 수이다.
다음 흑은 ❸에 기어나가
두 점으로 키워서 버리는
것이 좋은 수순. 흑❺· ❼
을 선수한 후 ❾로 호구치
면 이 결과는 흑이 유리
하다.

그림5(흑, 대만족)

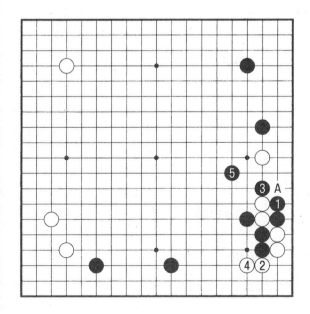

흑❶ 때 백이 A에 두지
않고 ②로 젖힌다면 흑❸
으로 단수쳐서 백 두 점
이 축으로 잡힌다. 백은
④로 뻗어 귀의 실리를
얻지만 흑❺가 백의 축머
리 활용을 방비하면서 백
한 점을 공격하는 급소가
되어 백 불만이다.

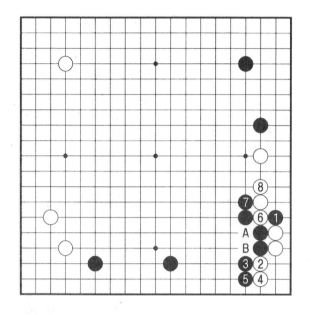

그림6(정확한 응수)

흑❶ 때 백은 ②로 젖혀 흑의 응수를 엿보는 것이 함정수에 대한 정확한 대응이다.

흑❸에서 ❺로 변을 중시한다면 백⑥으로 끊어 흑 한 점을 수중에 넣는 것이 좋은 수순. 이 결과는 A·B의 약점이 노출되어 있는 만큼 백이 유리하다.

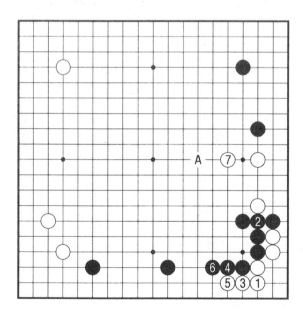

그림7(백이 편하다)

백①에 흑은 3으로 막지 못하고 ❷에 잇는 정도이다. 다음 백은 ③·⑤를 선수한 후 ⑦로 한 칸 뛰어 우변의 안정에 주력하는 것이 좋다. 이후 흑은 A로 모자씌워 백 두 점을 공격하는 정도인데, 아무래도 백이 두기 편한 바둑이다.

활용을 거부

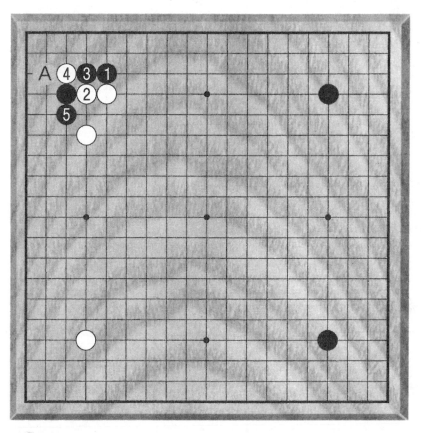

○ 둘 차례

좌상귀에서 고목 정석이 진행 중이다. 흑❶로 붙였을 때 백②로 치받고 ④에 끊은 것은 상용의 사석전법. 그런데 흑❺로 나간 수가 정석을 거부한 함정수의 일종이다. 흑❺로는 A에 단수치는 것이 기본 정석. 그렇다면 백은 이 경우 어떻게 응수하는 것이 최선일까?

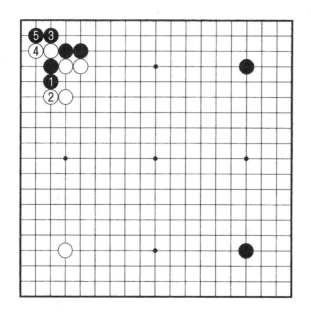

그림1(함정수의 의도)

흑❶은 백②로 막아 달라
는 것이다. 백②면 흑❸
으로 단수친 후 ❺에 막
아 백 두 점을 잡을 수 있
다. 이 형태는 상변 쪽 봉
쇄가 완전치 않아 백 불
만이다.

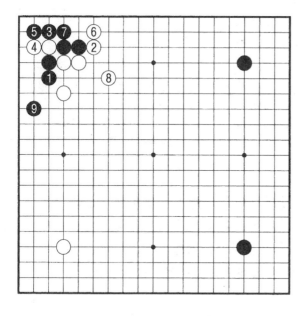

그림2(백의 변화)

흑❶ 때 백②로 젖힌 것은
상변의 봉쇄에 역점을 둔
수. 그러나 흑❸에서 ❺
면 귀의 백 두 점이 잡히
고 만다. 이하 흑❾까지
의 결과는 흑의 실리가
돋보인다.

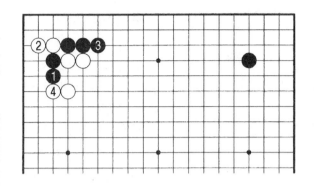

그림3(정확한 대응)

흑❶ 때 백②로 내려서는 것이 함정수에 대한 정확한 대응수이다. 흑❸은 간명을 기한 것인데, 백④로 흑 두 점을 제압해 백이 유리하다. 흑은 ❸ 대신 달리 두는 수를 연구할 것이다.

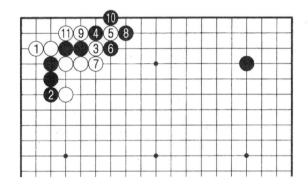

그림4(흑의 변화)

백① 때 흑❷가 흑의 변화구. 그러나 이때는 백③·⑤로 이단젖히는 것이 준비된 강수이다.
흑이 ❹ 이하 ❿까지 백 한 점을 잡는다면, 백도 ⑪까지 흑 두 점을 잡아 대만족이다.

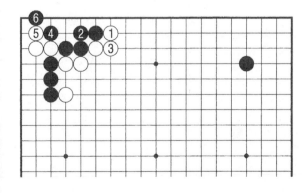

그림5(흑의 강경책)

백① 때 흑❷가 강수. 백③이 불가피할 때 흑❹·❻으로 젖혀 수상전의 형태로 가져가겠다는 것이 흑의 의도이다. 이 형태는 얼핏 백이 불리한 수상전처럼 보이지만 백에게도 묘수가 준비되어 있다.

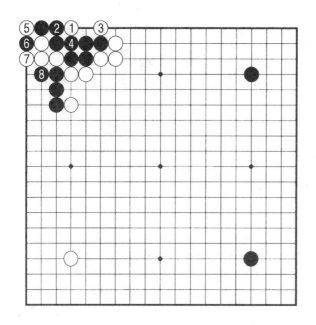

그림6(준비된 묘수)

계속해서 백은 ①로 치중한 후 ③으로 젖혀 흑의 수를 줄이는 것이 좋은 수순. 흑❹를 강요한 다음 백⑤로 집어넣는 것이 준비된 묘수. 흑❻ 이하 백⑨까지 패가 되는 것은 필연인데, 백이 먼저 따내는 패인 만큼 흑이 곤란하다.

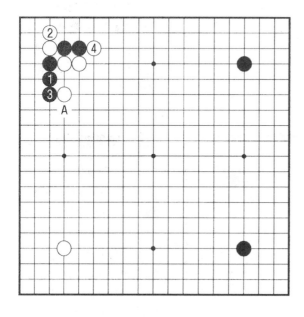

그림7(백의 간명책)

흑❶ 때 백은 ②로 내려서는 수도 가능하다. 간명하게 처리하고자 할 때 유력한 수단.

계속해서 흑은 ❸으로 기어나갈 수밖에 없으니, 그때 백은 ④로 젖혀 흑 두 점을 잡아서 충분한 결말이다. 이 다음 흑은 A에 젖히는 정도이다.

들여다보는데…

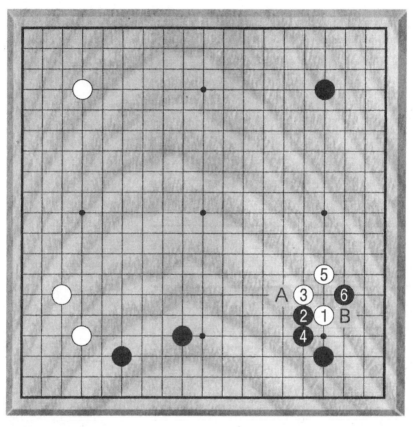

● 둘 차례

백①로 걸쳤을 때 흑❷로 붙이고 백③에서 ⑤는 실전에 흔히 등장하는 기본 정석이다. 그런데 흑❻으로 들여다본 수가 정석에 없는 함정수의 일종. 흑❻으로는 A에 젖히거나 B에 붙이는 것이 보통이다. 그렇다면 백은 이 경우 어떻게 두는 것이 최선일까?

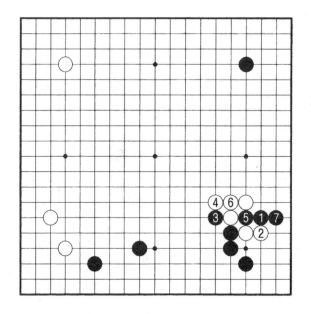

그림1(함정수의 의도)

흑❶의 의도는 백②로 막
아 달라는 것. 백②면 흑
❸으로 젖히는 것이 좋은
행마법으로 이하 흑❼까
지 귀의 백 두 점을 수중
에 넣을 수 있다. 이 형태
는 백의 세력에 비해 흑
의 실리가 돋보인다.

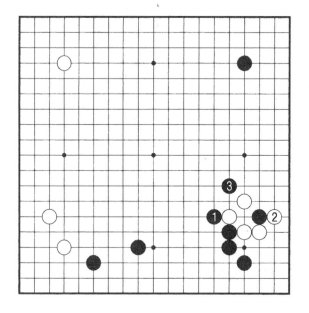

그림2(흑, 만족)

흑❶ 때 백②로 응수하는
변화이다. 그러나 흑❸에
씌워 가면 역시 흑이 만
족스런 결말이다. 이 형
태는 우변 백세력이 위축
된 반면 하변 흑세력은
활기를 띠고 있다.

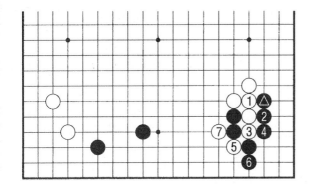

그림3(올바른 대응)

흑▲에는 백①로 잇는 한 수이다. 계속해서 흑❷라면 백③, ⑤로 끊는 것이 올바른 대응이다. 흑❻으로 귀의 약점을 보강한다면 백⑦의 축으로 흑 두점을 잡는다.

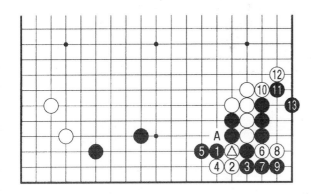

그림4(흑의 저항)

백△ 때 흑❶로 단수치고 ❸에 막는 것이 축을 방지하면서 백을 공격하는 최강의 수순이다.

그러나 백은 ④에서 ⑥으로 끊는 호수순을 준비해 두고 있다. 이 형태는 이후 A의 단점 활용이 관건이다.

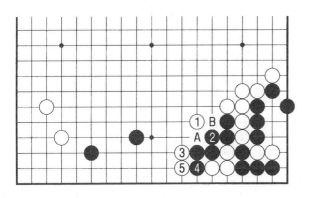

그림5(백, 대만족)

계속해서 백은 ①로 날일자해 흑❷를 강요하는 것이 좋은 수이다. 백③이 또한 맥점으로 흑❹가 불가피할 때 백⑤로 막고 나면 A와 B가 선수로 듣는 만큼 백의 성공이다.

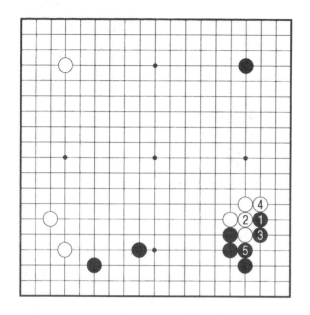

그림6(흑, 만족)

흑❶로 들여다보고 백②, 흑❸ 때 백이 그림3을 따르지 않고 ④에 막는 수는 찬성할 수 없다. 흑❺로 꽉 받아 귀의 단점을 보강하고 보면 이 결과는 백이 당한 모습으로 흑의 주문이다.

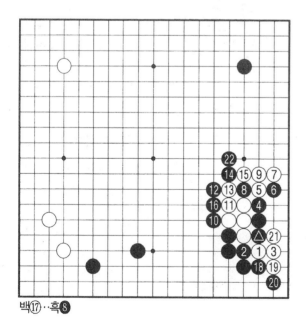

백⑰‥흑❽

그림7(흑의 철벽)

흑▲ 때 백①로 젖히는 수도 찬성할 수 없다. 흑❷ 이하 ❻까지 진행되었을 때 백⑤·⑦이 일종의 맥점이지만 흑❽의 단수, 그리고 ❿ 이하의 반격이 매섭다. 백⑪부터는 외길 수순인데, 흑㉒까지 철벽을 구축한 모습이다.

가벼운 마음으로…

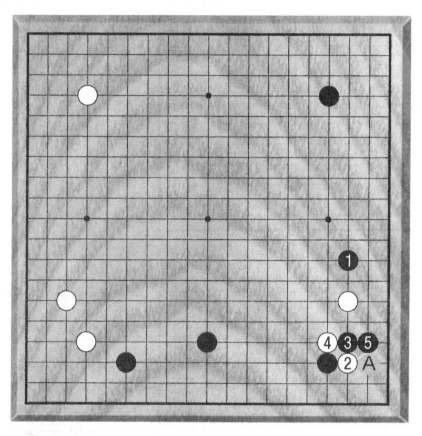

⚪ 둘 차례

흑❶로 협공했을 때 백②로 붙인 것은 형태를 정비하는 상용수법이다. 계속해서 흑❸으로 젖히고 백④로 끊은 것까지는 실전에 흔히 등장하는 기본형인데, 흑❺로 내려선 것이 함정수의 일종이다. 흑❺로는 A에 단수치는 것이 보통. 그렇다면 백은 이 경우 어떻게 두는 것이 최선일까?

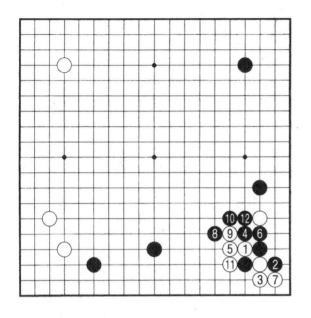

그림1(기본 정석)

백①때 흑은 ❷로 단수치
는 것이 정수. 백③으로
이을 수밖에 없을 때 흑
❹로 단수치고 이하 흑⓬
까지가 기본 정석이다.
그러나 지금은 돌의 배석
상 가치가 큰 하변이 깨
졌으므로 백이 유리하다.

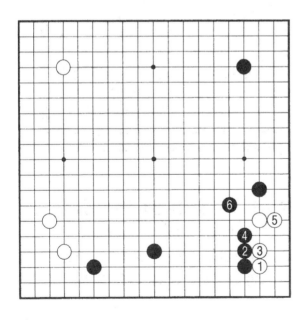

그림2(올바른 정석 선택)

백①때 흑은 ③의 곳으
로 젖힐 것이 아니라 ❷
로 뻗는 것이 올바른 정
석 선택이다. 다음 백은
③으로 연결할 수밖에 없
는데, 흑❹·❻으로 중앙
을 봉쇄하면 화점의 기본
정석으로 환원된다.

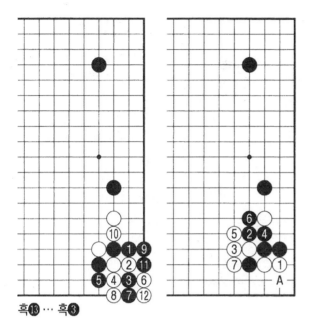

흑⑬ … 흑❸

그림3(함정수의 의도)

흑❶은 백②로 막아 달라는 것이다. 백②에는 흑❸으로 배붙이는 것이 준비해 둔 맥점이다. 백④에는 흑❺·❼로 키워 죽이는 것이 수순이다. 이하 흑⑬까지의 수상전은 흑이 한 수 빠르다.

그림4(흑, 망함)

백① 때 흑이 A의 맥점을 발견하지 못하고 ❷로 단수친 후 ❹에 잇는 것은 대악수. 백⑤, 흑❻을 선수한 후 ⑦로 단수치면 이 결과는 도리어 흑이 망한 모습이다.

그림5(올바른 대응)

흑▲ 때 백①로 뻗는 것이 함정수에 대한 올바른 대응이다. 흑❷에는 백③으로 내려서는 수가 준비해 둔 호착. 흑은 ❹로 늘 수밖에 없는데, 백⑤로 귀의 흑 두 점을 잡으면 함정수를 멋지게 응징한 모습이다.

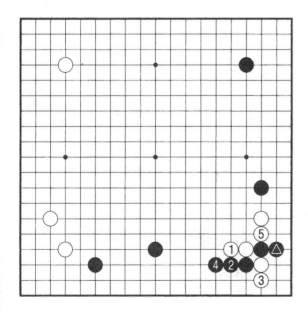

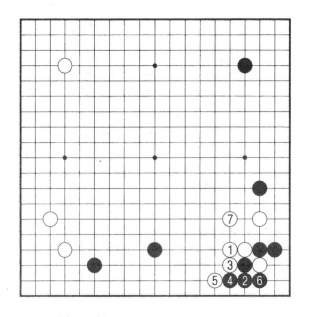

그림6(백, 두텁다)

백①로 뻗으면 흑은 ❷로 내려서는 정도이다. 그러나 흑은 백③·⑤가 선수로 듣는다는 것이 불만이다. 계속해서 흑❻으로 단점을 보강할 수밖에 없을 때 백⑦로 형태를 정비하면 전체적으로 백이 두텁다.

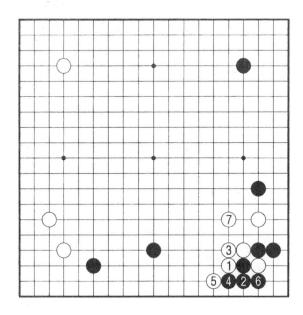

그림7(수순 변경)

백은 앞 그림처럼 ③으로 뻗지 않고 곧장 ①로 단수치는 수도 성립한다. 흑은 ❷로 뻗을 수밖에 없는데, 백③으로 잇는 것이 꼭 익혀두어야 할 중요한 수순. 다음 흑이 ❹·❻으로 귀를 차지하고 백⑦로 한 칸 뛰기까지 앞 그림으로 환원된 모습이다.

정석의 일종

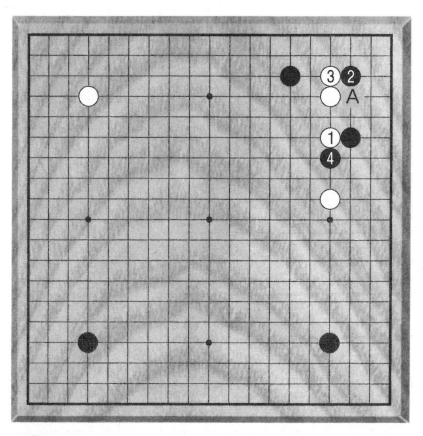

⚪ 둘 차례

백①로 붙였을 때 흑❷로 3·三 침입한 것은 실리를 중시한 정석 선택이다. 계속해서 백③으로 막은 것은 기세상 당연한 한 수인데, 흑❹로 젖힌 수가 주문을 내포한 함정수의 일종이다. 흑❹로는 A에 연결하는 것이 보통. 그렇다면 백은 이 경우 어떻게 두는 것이 최선일까?

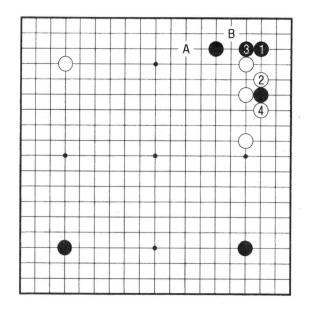

그림1(백, 불만)

흑❶ 때 백②는 기세 부족이다. 흑❸ 때 백은 ④로 보강해야 하는데, 앞 그림에 비해 불만족스런 모습이다. 이 형태는 백이 A에 다가 서더라도 B로 치중하는 수가 없다.

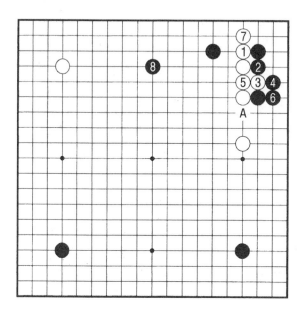

그림2(기본 정석)

백① 때 흑이 장면도처럼 A에 젖히지 않고 ❷로 연결하면 가장 평범한 진행. 백③·⑤는 형태상의 급소이며, 이하 흑❽까지가 기본 정석이다.

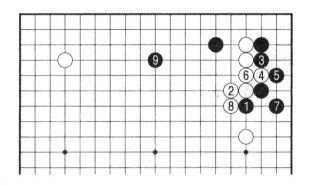

그림3(흑의 의도)

흑❶은 백②로 받아 달라는 것이다. 백②로 뻗는다면 흑❸이 기분 좋은 연결이다. 백④·⑥이 흑❼을 강요하는 급소지만 백⑧을 기다려 흑❾로 전개해 흑이 유리한 결말이다.

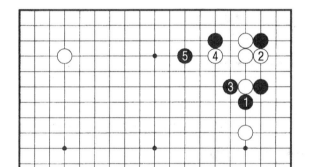

그림4(기세의 한 수)

흑❶로 젖히면 백은 기세상 ②로 막는 한 수이다. 계속해서 흑도 ❸으로 단수치는 것이 기세의 한 수인데, 백④로 붙이는 것이 준비해 둔 행마법이다. 백④ 때 흑❺는 이 경우 적절한 행마법이다.

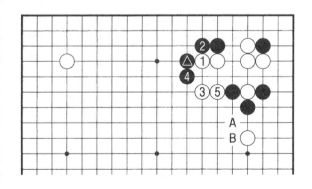

그림5(쌍방 호각)

흑△에 대해 백은 ①로 치받은 후 ③으로 한 칸 뛰는 것이 행마법이다. 흑❹로 뻗어 호구자리 급소를 차지한다면 백도 ⑤로 쌍립서는 것이 요령. 이후 흑A로 호구치고 백은 B로 밀어올리는 진행이 예상된다.

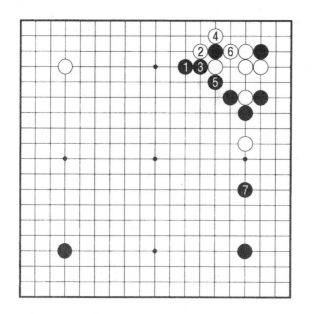

그림6(흑, 호조)

흑❶ 때 백이 앞 그림처럼 ❸으로 치받지 않고 곧장 ②로 젖히는 것은 좋지 않다. 흑❸으로 끊으면 백은 ④·⑥으로 흑 한 점을 잡을 수밖에 없는데, 흑이 ❺를 선수한 후 ❼로 협공해 백 한 점을 크게 공격하게 된다.

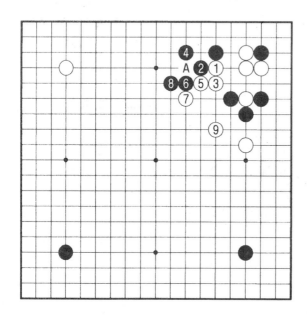

그림7(흑, 곤란)

백① 때 흑이 A로 늦춰받지 않고 곧장 ❷로 젖히는 것은 형태에 얽매인 속수이다. 백③으로 뻗으면 흑은 ❹로 호구쳐서 단점을 보강하는 정도인데, 백⑤·⑦을 선수한 후 ⑨에 씌워 흑 석 점을 크게 공격할 수 있다.

뻗음의 방향

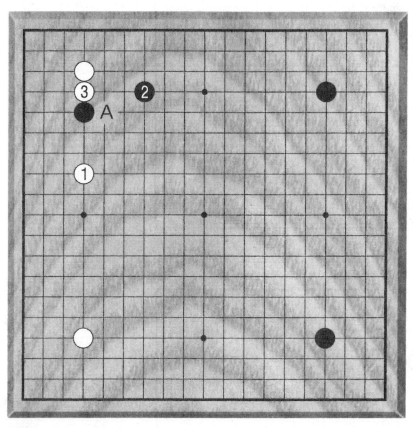

● 둘 차례

백①로 협공했을 때 흑❷로 눈목자하는 수는 실전에 흔히 등장하는 기본 정석이다. 그런데 흑❷ 때 백③으로 치받은 수가 흑에게 주문을 내포한 함정수의 일종이다. 그렇다면 백③은 어떤 의미를 내포하고 있는지 변화를 검토해 보기로 한다. 백③은 A가 보통이다.

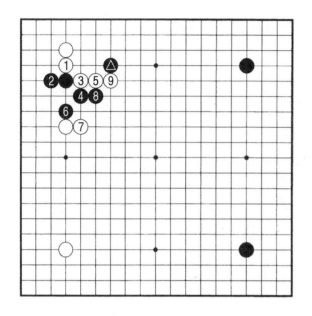

그림1(백의 의도)

백①은 흑❷로 내려서 달
라는 것이다. 그러면 백
③이 두점머리 급소에 해
당하는 곳. 흑은 ❹로 젖
히는 정도이니 백⑤로 뻗
어 흑을 양분한다. 이하
백⑨까지 백은 흑△를 무
력화시킨 만큼 대만족이
다.

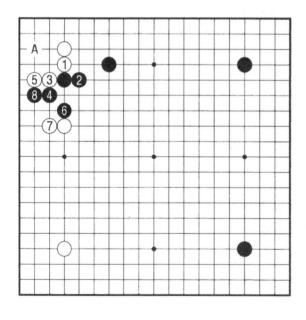

그림2(올바른 대응)

백①에 대해 흑은 ❷로
뻗는 것이 올바른 응수이
다. 백③으로 젖힌다면 강
력하게 흑❹로 막는 것이
좋은 수. 백⑤면 흑❻에
서 ❽로 막아 흑이 유리
한 결말이다. 귀의 백은
A의 약점이 부담이다.

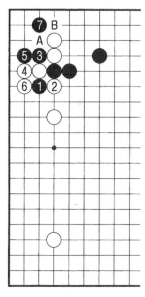

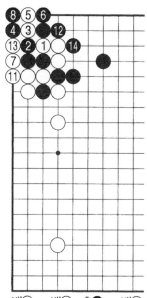

백⑨ … 백③, 흑⑩ … 백⑤
백⑮ … 백③, 흑⑯ … 흑❷

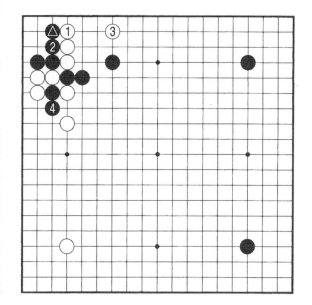

그림3 (기세의 절단)

흑❶ 때 백은 ②로 끊는 한 수이다. 계속해서 흑 ❸으로 단수치고, 이하 ❼까지 쌍방 필연적인 수 순이다. 이후 예상되는 백의 응수는 A와 B이다.

그림4 (흑, 두터움)

앞 그림에 이어 백①·③ 이 이른바 귀삼수의 맥 점. 백③ 때 흑❹는 당연 하며 이하 흑⑯까지가 상 용의 수순이다. 이 결과는 백이 흑 석 점을 잡았지만 흑도 두텁게 연결한 모습 이라 흑이 약간 유리하다.

그림5 (백의 변화)

흑▲ 때 백①로 막는 변 화. 백①은 흑❷로 보강 하는 것을 기다려 백③에 두어 귀의 흑을 공략하겠 다는 뜻이다. 그러나 흑 에겐 ❹로 나가는 강수가 준비되어 있다.

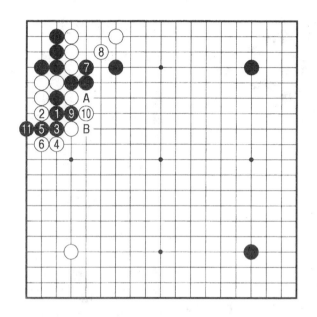

그림6(백, 곤란)

흑❶이면 백은 ②에서 ④로 젖혀 흑의 진로를 막을 수밖에 없다. 그러나 백⑧에 흑❾로 단수치고 나오면 백이 곤란하다. 백⑩이면 흑⓫로 차단해서 백이 안 된다. 이후 백A라면 흑B로 그만.

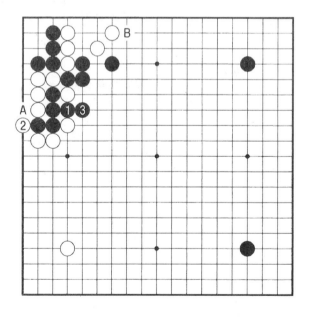

그림7(흑, 충분)

흑❶ 때 백은 ②로 단수쳐서 넘는 정도이다. 그러나 흑❸으로 나가서 이것 역시 흑 충분.
백이 귀의 흑을 공격하기 위해선 A에 잇고 버텨야 하는데, 그때는 흑B로 붙이는 강수가 준비되어 있다.

저위를 강요

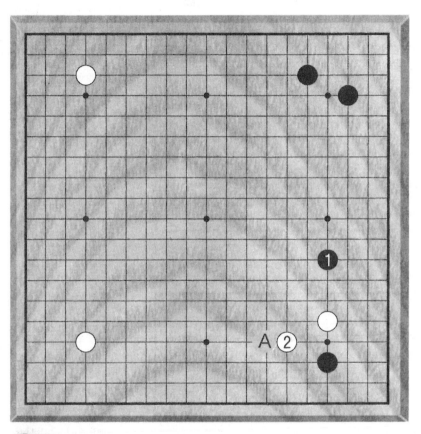

● 둘 차례

흑❶의 두 칸 높은 협공은 실전에 흔히 등장하는 기본 정석이다.
그런데 강력하게 백②로 날일자한 수가 정석에 없는 함정수의 일종이
다. 백②로는 A에 눈목자하는 것이 보통. 그렇다면 흑은 이 경우 어
떻게 두는 것이 최선일까?

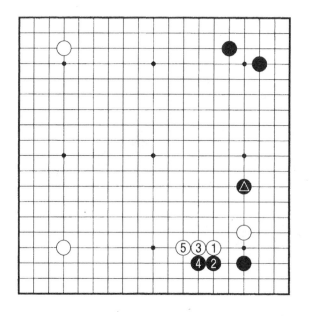

그림1(백의 의도)

백①　때　흑❷로　붙이는
것은　백이　의도하던　바이
다.　백은　③·⑤로　두텁
게　형태를　정비해서　대만
족이다.　흑은　귀에서　실
리를　갖고　안정할　수　있
지만　흑▲　한　점이　약해
진　만큼　전혀　득이　없다.

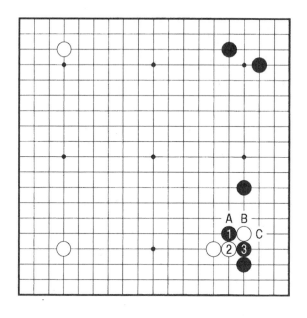

그림2(올바른 대응)

흑은　❶·❸으로　강력하
게　절단하는　것이　좋은
수이다.　얼핏　축이　흑에
게　불리하므로　무리수처
럼　보이지만　흑에겐　적절
한　대비책이　준비되어　있
다.　이후　예상할　수　있는
백의　응수는　A, B, C이
다.

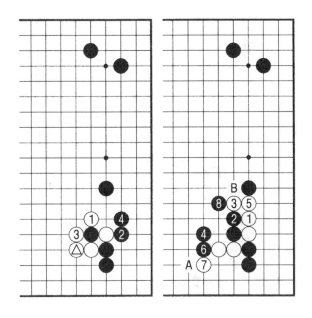

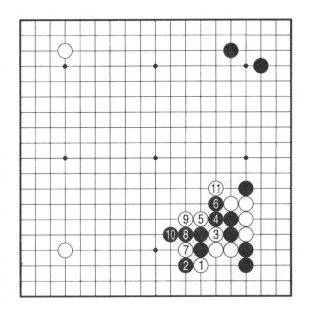

그림3(백의 최선)

흑의 강력한 절단에 대해 백은 ①로 두는 것이 최선이다. 백①에는 흑❷로 단수친 후 ❹에 넘는 것이 준비해 둔 수순. 이 결말은 백△ 한 점이 쓸모 없는 곳에 있어 흑이 유리하다.

그림4(무리한 반발)

백이 앞 그림의 진행을 피해 ①로 뻗는 것은 무리. 흑은 ❷로 막은 후 이하 ❽까지 처리해서 충분하다. 이후 흑은 A와 B가 맞보기이다.

그림5(흑, 걸려듦)

백① 때 흑❷로 막는 것은 대 악수이다. 백은 ③·⑤로 절단한 후 흑❻ 때 백⑦ 이하 ⑪까지 흑 넉 점을 축으로 몰아가는 수가 성립한다. 이렇게 되어서는 반대로 흑이 망한 모습이다.

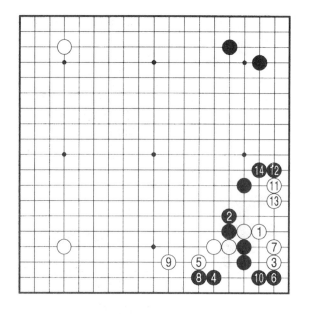

그림6(흑, 충분)

이번엔 백①로 뻗는 변화
이다. 이때는 흑도 ❷로
뻗는 것이 가장 강력한
대응이다. 백③으로 귀의
흑을 공격한다면 흑❹·
❻이 이 경우 적절한 행
마법이다. 이하 흑⓮까지
가 예상되는 진행인데,
흑이 유리한 결말.

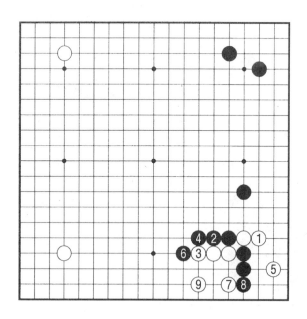

그림7(흑, 곤란)

백① 때 흑❷·❹로 밀어
가는 것은 이 경우 좋지
않다. 백은 ③으로 뻗은
후 흑❹ 때 ⑤로 날일자하
는 것이 통렬한 수순. 흑
❻으로 젖힌다면 백⑦,
흑❽을 선수한 후 백⑨로
한 칸 뛰어 귀의 흑이 잡
힌다.

선·후수의 차이

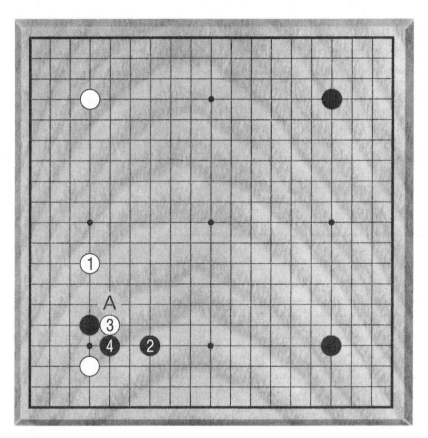

🌑 둘 차례

백①로 협공하고 흑❷로 눈목자하는 것까지는 실전에 흔히 등장하는 기본 정석이다.

백③으로 붙였을 때 흑❹로 젖힌 수가 정석을 벗어난 함정수. 흑❹로는 A에 젖히는 것이 보통이다. 그렇다면 흑의 함정수에 대해 백은 어떻게 두는 것이 최선일까?

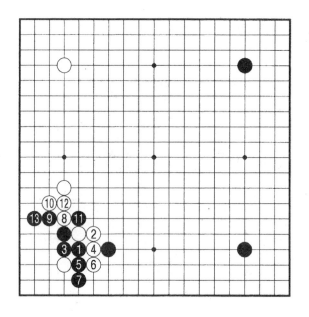

그림1 (함정수의 의도)

흑❶ 때 백②로 뻗는 것
은 너무 느슨한 응수이
다. 흑❸으로 이으면 백
은 ④·⑥으로 뚫는 정도
인데, 이하 흑⓭까지 흑
에게 허용한 실리가 너무
크다.

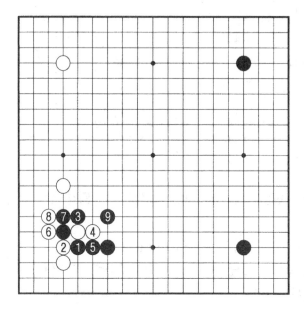

그림2 (올바른 응수)

흑❶로 젖히면 백은 기세
상 ②로 끊는 한 수이다.
흑❸으로 단수친다면 백
④로 키운 후 흑❺ 때 백
⑥으로 넘는 것이 좋은
수순이다. 이하 흑❾까지
백은 선수로 귀를 지킨
만큼 유리한 결말이다.

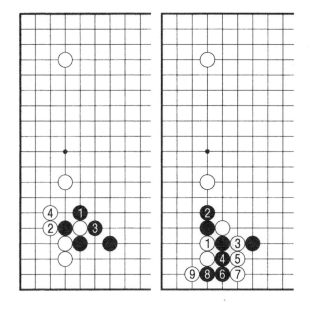

그림3(백, 불만)

흑❶로 단수쳤을 때 백이 ③으로 뻗지 않고 곧장 ②로 단수치는 것은 수순 착오이다. 흑❸으로 따내면 백④로 연결할 수밖에 없는데, 흑에게 선수가 돌아간다.

그림4(흑의 반발)

백① 때 흑❷로 뻗어 반발하는 것은 무리수이다. 흑❷에는 알기 쉽게 백③으로 단수치는 것이 좋은 수이다. 흑❹로 달아나 봐도 백⑤ 이하 ⑨까지 잡히고 만다.

그림5(충분한 싸움)

백① 때 흑❷는 필연이고 백③으로 따내고 흑❹로 막았을 때 백⑤로 끊는 수가 백으로선 준비된 강수이다. 계속해서 흑❻·❽에는 백⑨까지 흑을 양분해서 충분한 싸움이다.

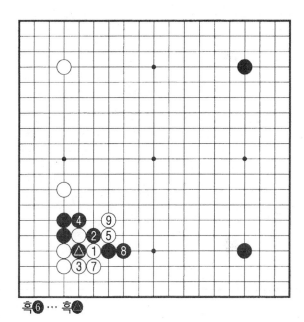

흑❻ … 흑⚫

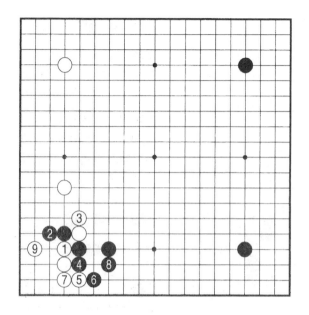

그림6(흑, 별 무신통)

백①로 끊었을 때 흑❷로 뻗는 수도 예상할 수 있다. 그러나 이때는 백③으로 뻗는 것이 최강수가 된다. 흑❹로 막는다면 백⑤·⑦로 젖혀 이은 후 백⑨로 한 칸 뛰어 흑 두 점을 취할 수 있는 모습이다.

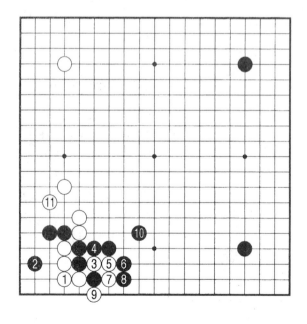

그림7(백, 대만족)

앞 그림의 수순 중 백①로 젖혀 이었을 때 흑이 곧장 ❷로 날일자해서 공격해 온다면 백③으로 끊는 수가 성립한다. 흑은 ❹로 이은 후 이하 ❿까지 단점을 보강할 수밖에 없는데, 백⑪로 마늘모해서 대만족이다.

세력을 견제

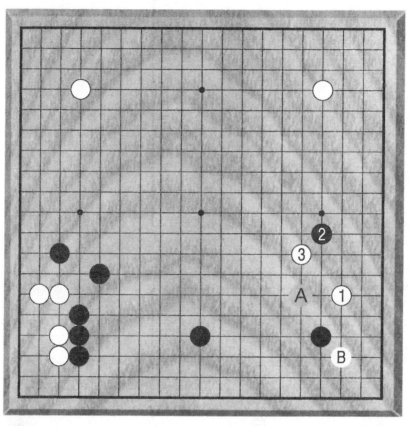

● 둘 차례

백①로 걸쳤을 때 흑❷의 협공은 실전에서 흔히 볼 수 있는 기본 정석이다. 그런데 계속해서 둔 백③의 발전자 행마가 실전에 잘 등장하지 않는 함정수의 일종이다. 백③으로는 A 또는 B에 두는 것이 보통. 그렇다면 흑은 백의 함정수에 대해 어떻게 두는 것이 최선일까?

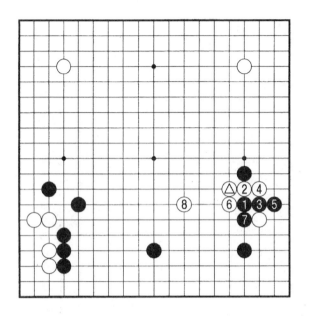

그림1(함정수의 의도)

백△은 흑❶로 밭전자의 중앙을 갈라 달라는 것이다. 흑❶이라면 백은 ②·④·⑥을 선수한 후 ⑧로 두 칸 뛰는 것이 좋은 수순이다. 이 결과는 하변 흑세력이 많이 삭감된 모습이다.

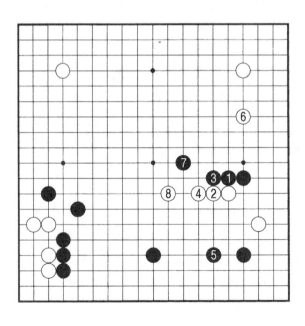

그림2(흑, 불만)

백이 밭전자 행마했을 때 흑❶·❸으로 미는 것은 이적행위이다. 백②·④로 머리를 내밀면 하변 흑세력은 자연스럽게 삭감된다. 이하 백⑧까지 누가 누구를 공격하는지 알 수 없다.

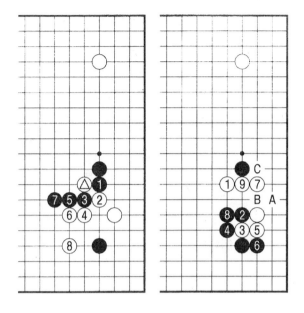

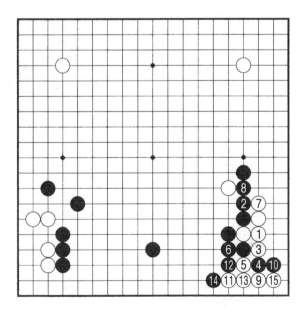

그림3(흑의 무리)

흑❶·❸으로 곧장 나가 끊는 수 역시 좋지 않다. 백은 ④·⑥을 선수한 후 ⑧로 귀를 봉쇄해서 대만 족이다. 흑은 후수로 보강 해야 하는데, 백⚫가 움직 일 여지가 있는 만큼 백이 유리하다.

그림4(올바른 대응)

백①에는 흑❷가 올바른 대응이다. 계속해서 백 ③·⑤는 정수이며, 이하 백⑨까지가 예상되는 진 행이다. 이 형태는 장차 흑A, 백B, 흑C로 이용할 수 있는 여지가 있는 만 큼 흑이 유리하다.

그림5(흑의 과욕)

백①때 흑❷로 뻗는 것은 욕심이 지나친 수이다. 백③이 실리상의 급소로 흑❹를 기다려 이하 백⑮ 까지 흑 두 점을 취하면 귀의 실리가 커서 이것은 도리어 백이 유리한 결말 이다.

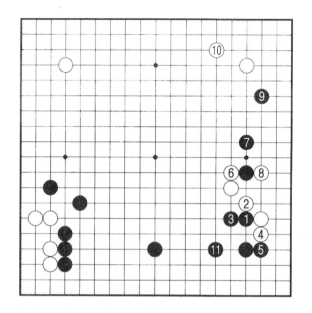

그림6(흑, 충분)

흑❶ 때 평범하게 백②로 젖히는 것은 형태에 얽매인 행마법으로 그림4보다도 더욱 나쁜 결과를 초래한다. 백④·⑥ 때 흑❼·❾가 기민한 선수활용으로 이하 흑⓫까지의 진행이 예상되는데, 이것은 흑이 유리하다.

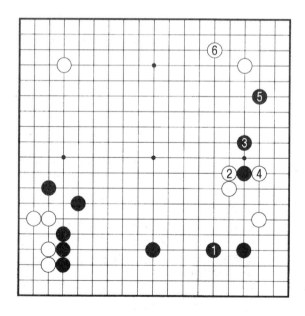

그림7(미흡하다)

백의 밭전자 행마에 대해 직접 응수하지 않고 흑❶로 한 칸 뛰는 수도 고려할 수 있다. 백②로 막고 이하 백⑥까지가 예상되는 진행이다. 그러나 그 결과는 그림4와 비교해 볼 때 우하귀가 확실치 않다는 것이 흑의 불만이다.

발상의 전환

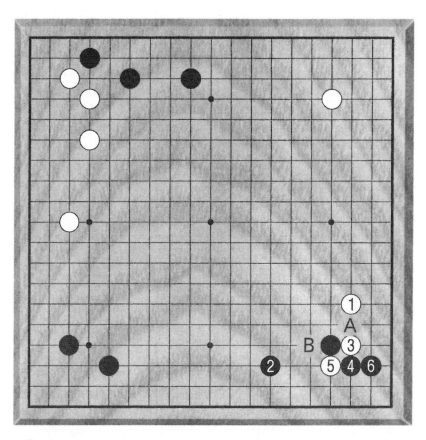

⚪ 둘 차례

백①때 흑❷의 눈목자는 백의 3·三 침입을 유도한 것이다. 백③으로 붙인 후 ⑤에 끊었는데, 여기까지는 실전에서 흔히 볼 수 있는 상용수순이다. 그런데 흑❻으로 뻗은 수가 정석에 없는 함정수의 일종으로 A에 단수치거나 B에 뻗는 것이 보통이다. 그렇다면 백의 적절한 대응책은 무엇일까?

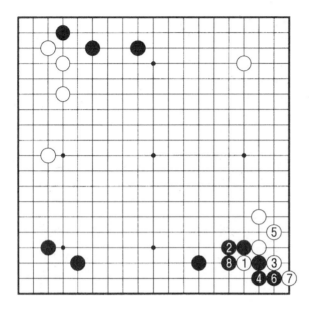

그림1(기본 정석)

백①로 끊으면 흑은 ❷로 뻗는 것이 보통이다. 계속해서 백은 ③으로 단수 친 후 ⑤에 호구치는 것이 수순으로 이하 흑❽까지가 기본 정석이다.

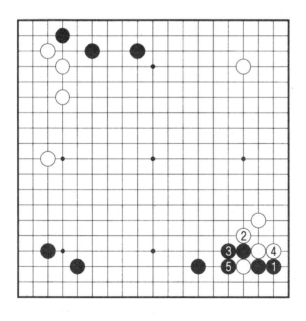

그림2(함정수의 의도)

흑❶은 귀의 실리를 크게 차지하겠다는 뜻이다. 그런데 백②로 단수치는 것은 이러한 흑의 의도에 말려드는 수. 흑❸으로 이으면 백은 ④로 막는 정도인데, 흑❺로 단수쳐서 귀의 실리가 크게 굳어진다.

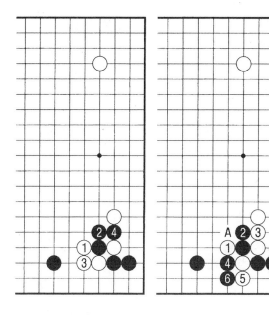

그림3(백, 불만)

백①로 단수친 후 ③으로
잇는 변화도 검토할 수
있다. 그러나 흑이 ❷로
뻗은 후 ❹로 단수치면 백
의 실패로 돌아간다. 왼
쪽 백 석 점은 여전히 미
생마의 형태이다.

그림4(축이 관건)

백①로 단수친 후 ③으로
잇는 것이 백으로선 최강
의 대응법이다. 그러나
흑이 ❹로 단수친 후 ❻
으로 막으면 이후 백A의
축이 성립하지 않는다는
것이 백의 아픔이다.

그림5(올바른 대응)

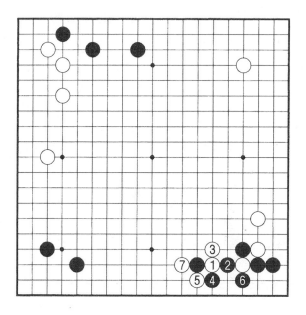

백①로 붙이는 것이 흑의
함정수에 대한 올바른 대
응법이다. 계속해서 흑❷
로 단수친다면 백③으로
뻗은 후 이하 백⑦까지
흑 한 점을 축으로 제압
해서 충분한 모습이다.

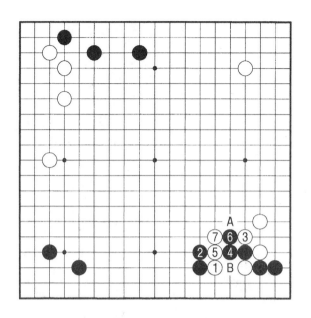

그림6(흑, 곤란)

백① 때 흑②로 뻗은 것
은 앞 그림의 진행을 거
부한 수이다. 그러나 백
에겐 ③으로 단수친 후
⑤에 뚫는 상용수법이 준
비되어 있다. 흑⑥이라면
백⑦로 뚫어 좌우 흑을
양분시킬 수 있다. 이후
흑A라면 백B이다.

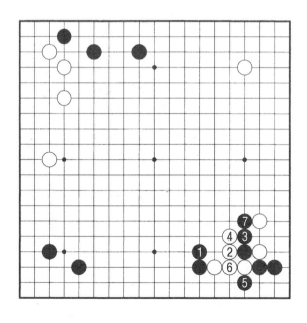

그림7(잘못된 단수)

흑① 때 백②의 단수는
이 경우 매우 좋지 않다.
흑③으로 뻗으면 백은 ④
로 밀 수밖에 없는데,
흑⑤, 백⑥의 선수활용이
매우 쓰라리고, 흑⑦까지
양쪽이 공격받아선 백이
곤란하다.

4선의 실리

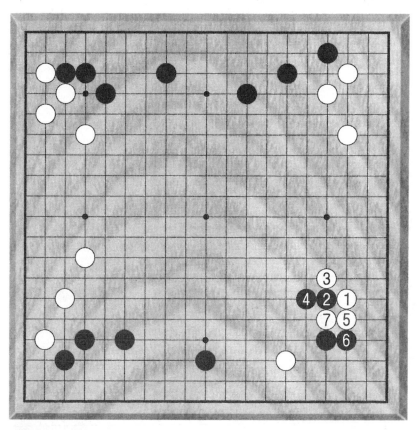

● 둘 차례

백①로 양걸침했을 때 흑❷·❹로 붙여 뻗은 것은 이런 장면에서 상용의 진출수단이다. 계속해서 백⑤로 치받고 흑❻으로 막았을 때 백⑦로 절단을 시도한 수가 정석에 없는 함정수의 일종이다. 백⑦에 대한 적절한 대응책은?

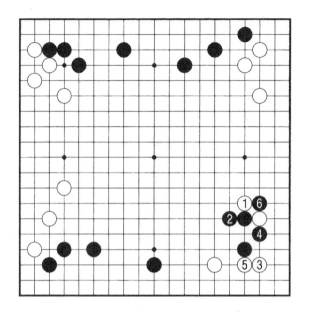

그림1(기본 정석)

백①로 젖히고 흑❷로 뻗
었을 때 장면도에서 백은
⑤로 뻗었는데, 이 수로는
백③으로 3·三 침입하는
것이 보통이다. 백③이면
흑은 ❹로 호구치고 백
⑤, 흑❻까지가 기본 정
석이다.

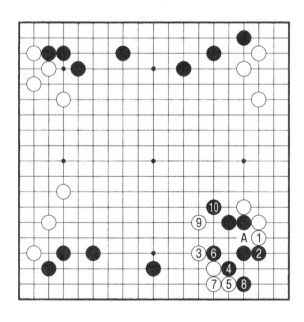

그림2(흑, 충분)

백①로 밀고 흑❷로 막았
을 때 백A로 절단을 시도
한 수로는 백③으로 두는
것이 기본 정석이다. 이
후 흑❹로 마늘모 붙이고
이하 흑❿까지의 진행은
백이 양분되어 공격받는
모습이다.

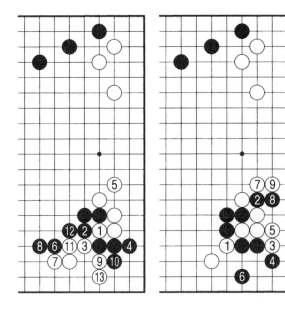

그림3(함정수의 의도)

백①은 흑❷로 막았을 때 백③으로 끊겠다는 뜻이다. 계속해서 흑이 ❹로 내려선 후 백⑤ 때 흑❻으로 씌워 반격을 시도해도 이하 백⑬까지 진행되고 나면 흑이 도리어 공격받는 처지가 되고 만다.

그림4(흑, 불만)

백① 때 강력하게 흑❷로 절단하는 수도 고려할 수 있다. 그러나 이때는 백③·⑤로 젖혀 잇는 것이 형태상의 급소로 이하 백⑦까지 절단한 흑돌이 잡히게 된다.

그림5(흑, 무리)

백①·③ 때 앞 그림의 진행을 피해 강력하게 흑❹로 내려서는 것은 무리수이다. 백은 곧장 ⑤로 끊는 것이 좋은 수로 이하 백⑨까지 귀의 흑이 잡히고 만다. 결국 백△로 끊겨서는 흑이 안 된다.

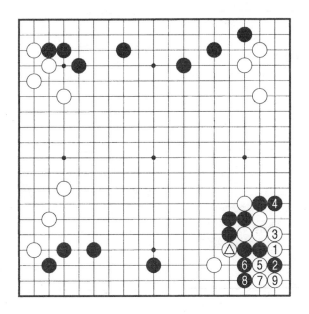

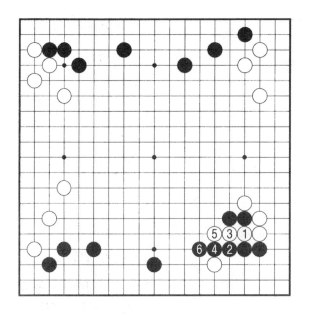

그림6 (올바른 대응)

백①때 흑❷로 늦추는 것이 함정수에 대한 올바른 대응수단이다. 백③에는 또다시 흑❹로 늦추는 것이 좋은 수로 백⑤, 흑❻까지 진행되고 나면 백의 세력에 비해 귀와 변에 큰 실리를 확보한 흑이 유리하다.

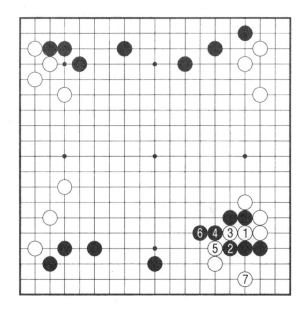

그림7 (흑의 과욕)

백①때 흑❷로 늦추는 것은 좋은 수인데, 백③때 흑❹로 막은 것이 욕심이 과한 무리수. 백은 ⑤로 절단하는 것이 강수로 흑❻을 기다려 백⑦로 날일자하면 귀의 흑이 위험에 처한다. 역시 흑❹로는 ⑤에 뻗는 것이 정수이다.

젖힘을 유인

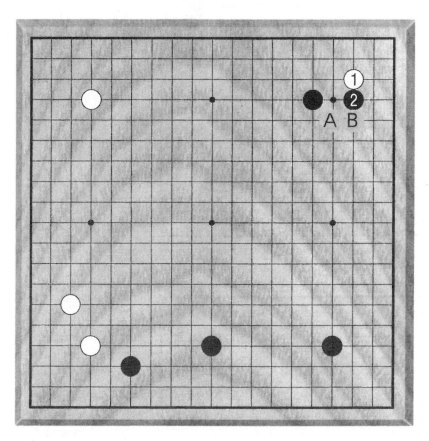

⚫ 둘 차례

흑의 고목에 대해 백①로 3·드에 걸친 것은 재빨리 안정하겠다는 뜻이다. 그런데 계속해서 흑❷로 붙인 것이 정석에 없는 함정수의 일종이다. 흑❷로는 A 또는 B에 두어 세력을 쌓는 것이 보통이다. 그렇다면 흑❷에 대한 적절한 대응책은?

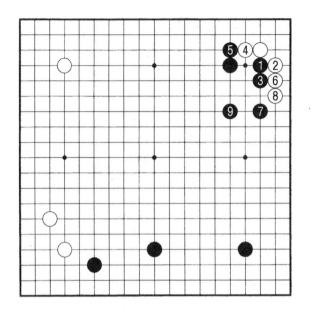

그림1(함정수의 의도)

흑❶ 때 백②로 젖히는 것은 흑의 함정수에 말려드는 수이다. 흑❸으로 뻗으면 백④로 민 후 이하 백⑧까지 안정을 도모하는 정도인데, 흑에게 막강한 세력을 허용해서 백이 불리하다.

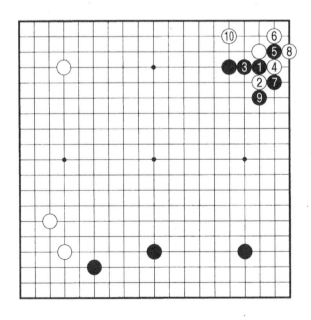

그림2(올바른 대응)

흑❶ 때 백②로 껴붙이는 것이 적절한 대응수단이다. 흑❸으로 잇는다면 백④로 넘고 흑❺를 기다려 이하 백⑩까지 실리를 차지하면 백이 유리한 갈림이다.

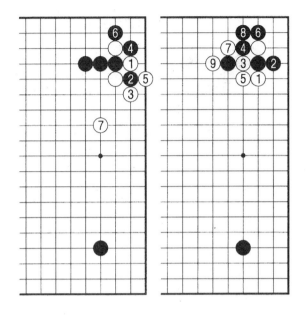

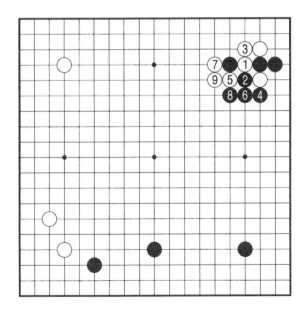

그림3(백, 충분)

백① 때 흑❷로 끊은 것
은 귀의 실리를 중시한
수. 그러나 백은 ③으로
단수쳐서 충분하다. 흑
❹·❻이면 귀의 실리는
흑의 차지가 되지만 이하
백⑦까지 세력을 쌓아서
충분한 결말이다.

그림4(흑의 변화)

백① 때 흑❷로 내려서는
변화이다. 이때는 백③으
로 흑 모양에 단점을 만
드는 것이 요령이다. 계
속해서 흑❹·❻으로 단
수쳐서 귀의 실리를 중시
한다면 백⑤로 이은 후
이하 백⑨까지 처리해서
충분하다.

그림5(백, 만족)

백① 때 흑❷·❹로 단수
치는 변화이다. 그러나
이때는 백③으로 이은 후
⑤에 단수쳐서 수습이 가
능한 모습이다. 흑❻으로
잇는 것을 기다려 백⑦로
단수치면 흑 한 점을 잡
고 안정할 수 있다.

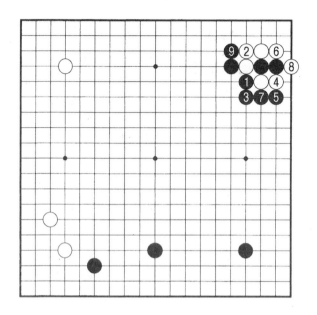

그림6(백, 성급)

흑❶로 단수친 후 ❸으로 뻗은 것은 앞 그림의 진행이 마음에 들지 않는다고 보고 변화를 구한 것이다. 그런데 계속해서 백④로 막아 흑 두 점을 취한 것이 성급한 수. 흑은 이하 ❾까지 외곽을 봉쇄해서 만족이다.

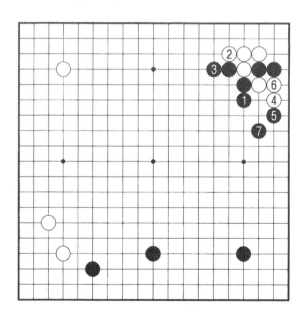

그림7(백의 수순)

흑❶ 때 백은 ②로 민 후 흑❸ 때 백④로 마늘모해서 흑 두 점을 제압하는 것이 좋은 수순이다. 계속해서 흑은 ❺에 붙인 후 ❼로 마늘모해서 외곽을 정비하는 정도인데, 앞 그림에 비해 귀의 실리가 크다.

2선의 급습

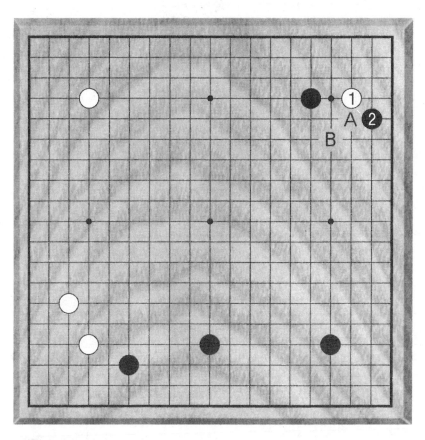

🌑 둘 차례

백①은 고목에 대한 가장 상식적인 걸침이다. 그런데 계속해서 흑❷
로 2선에서 둔 수가 정석에 없는 함정수의 일종이다. 흑❷로는 A에
붙이거나 B에 씌우는 수가 보통. 흑❷는 백의 근거를 빼앗아 공격하
겠다는 뜻인데 백은 어떻게 두는 것이 최선일까?

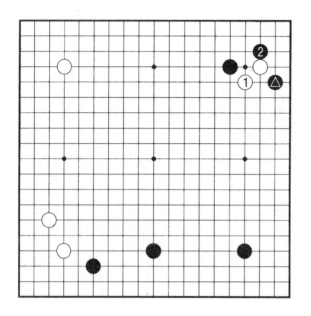

그림1(함정수의 의도)

흑△로 둔 의도는 백①로 두어 탈출해 달라는 것이다. 백①이라면 흑❷가 백 두 점을 공격하는 급소. 흑△ 한 점이 급소에 위치하고 있는 만큼 백으로선 다음의 행마가 어렵다.

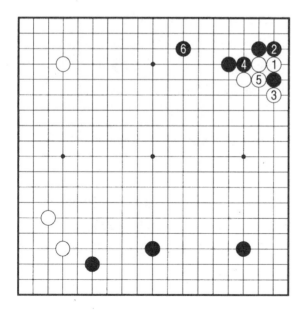

그림2(흑, 만족)

앞 그림에 계속해서 백①로 막는 정도인데, 흑❷·❹의 선수활용이 백으로선 쓰라리다. 백③·⑤를 기다려 흑❻으로 전개하면 이 결과는 흑이 유리하다. 수순 중 백①로 ❷의 곳을 젖혀도 흑❶로 끊겨 좋지 않다.

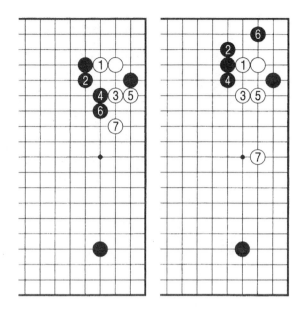

그림3(올바른 대응)

백①로 치받는 것이 올바
른 대응이다. 계속해서
흑❷로 올라선다면 백③
으로 한 칸 뛰어 흑 한 점
을 제압할 수 있다. 흑은
❹·❻으로 세력을 쌓는
정도인데, 이하 백⑦까지
백의 실리가 크다.

그림4(흑의 변화)

백① 때 흑❷로 내려선다
면 이번엔 백③으로 한 칸
뛰는 것이 행마의 틀이다.
계속해서 흑❹로 호구자
리 급소를 차지한다면 백
⑤로 쌍립을 선 후 흑❻
때 백⑦로 전개해서 백이
유리하다.

그림5(백, 충분한 싸움)

흑❶, 백② 때 흑❸으로
움직이는 변화이다. 이때
는 백④로 밀고 백⑥으로
한 칸 뛰는 것이 좋은 행
마법이다. 흑❼로 벌려 상
변을 안정시킨다면 백⑧
로 공격해서 백이 유리한
싸움이다.

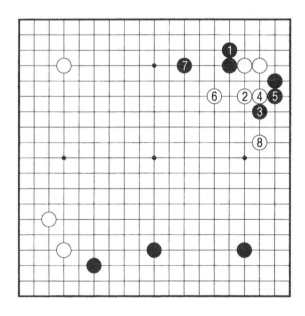

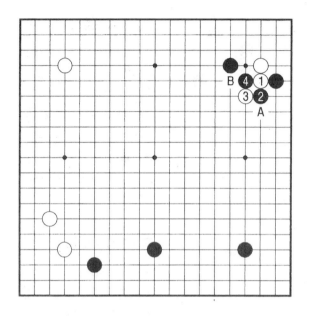

그림6(또 다른 대응)

장면도로 돌아가서 백은 ①로 민 후 흑❷ 때 백③으로 젖히는 수도 가능하다. 흑❹로 절단한 것은 당연하지만, 백으로선 타개수단을 준비해 두고 있다. 수순 중 흑❹로 A에 뻗는 것은 백B로 호구쳐서 백이 유리하다.

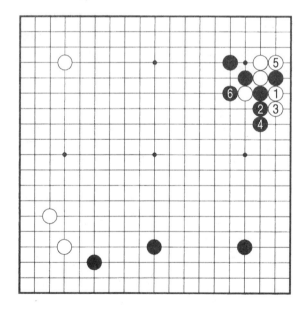

그림7(호각의 갈림)

앞 그림에 이어 백은 ①로 단수친 후 ③으로 미는 것이 올바른 수순. 흑은 ❹로 뻗을 수밖에 없는데 백⑤로 단수쳐서 흑 한 점을 제압할 수 있다. 이 결과는 흑세력이 두텁지만 백도 선수로 실리를 취한 만큼 쌍방 호각이다.

교묘한 응수타진

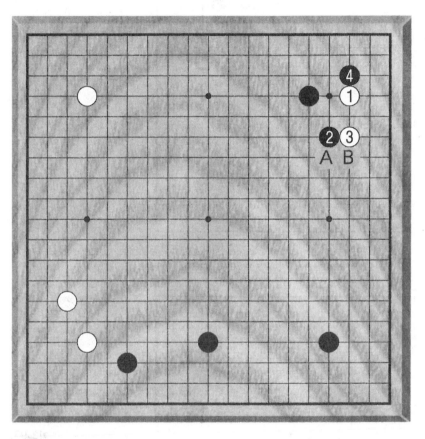

● 둘 차례

백①은 고목에 대한 가장 상식적인 걸침이다. 계속해서 흑❷로 씌우고 백③으로 붙인 것까지는 평범한데, 흑❹로 붙인 수가 정석에 없는 함정수의 일종이다. 흑❹로는 A에 뻗거나 B에 젖히는 것이 보통. 그렇다면 백은 어떻게 대응하는 것이 최선일까?

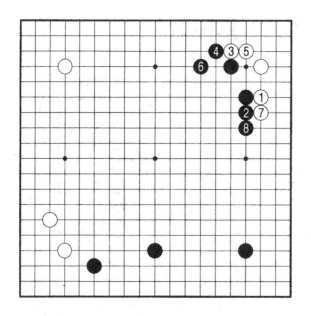

그림1(정석)

백①로 붙였을 때 흑❷로 뻗으면 가장 알기 쉽다. 계속해서 백은 ③으로 붙여 실리를 차지하게 되고 흑은 세력을 쌓게 되는데, 이하 흑❽까지가 기본 정석이다.

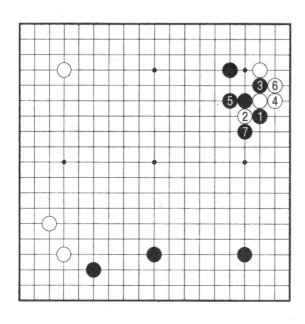

그림2(강력한 젖힘)

흑은 강력하게 ❶로 젖힐 수도 있다. 계속해서 백은 ②로 끊게 되는데, 흑으로선 ❸으로 단수친 후 ❺에 뻗어 백 한 점을 축으로 잡는 것이 요령이다. 이하 흑❼까지 일단락인데 부분적으로 흑이 두텁다.

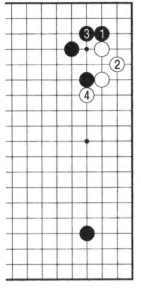
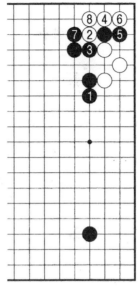

그림3(올바른 대응)

흑❶ 때 백②로 호구치는 것이 함정수에 대한 올바른 대응수단이다. 흑❸으로 뻗어 귀를 지킨다면 백④로 젖히는 것이 좋은 행마법이다. 이 형태는 두텁게 형태를 갖춘 백 모양이 이상적이다.

그림4(백, 충분)

백이 2선으로 호구쳤을 때 흑❶로 뻗는 변화이다. 이때는 백②로 젖힌 후 ④에 단수치는 것이 수순이다. 흑은 ❺로 뻗어 키워 죽이는 것이 최선의 수순인데, 이하 백⑧까지 실리의 손실이 크다.

그림5(흑, 우세)

흑의 함정수에 대해 곧장 백①로 젖히는 것은 좋지 않다. 흑은 ❷로 치받는 것이 좋은 수로 백③을 기다려 이하 흑❻까지 처리해서 우세한 결과를 이끌어 낼 수 있다.

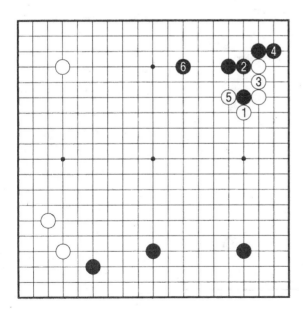

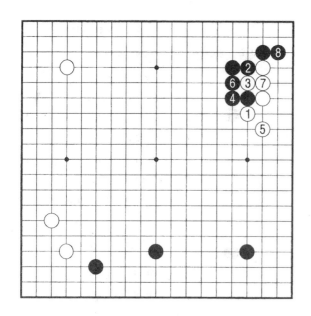

그림6(흑, 두텁다)

백①, 흑❷ 때 백③으로
단수치는 변화이다. 이때
는 침착하게 흑❹로 뻗어
두는 것이 좋은 수이다.
백은 자신의 자충 관계상
❺에 호구치는 정도인데
흑❻으로 단수쳐서 흑이
두터운 결말이다.

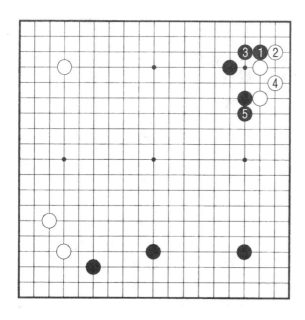

그림7(흑, 호형)

흑❶로 붙였을 때 곧장 ②
로 젖히는 수는 흑의 주
문에 말려든 꼴이라 역시
찬성할 수 없다.
흑❸으로 뻗으면 백은 ④
로 호구쳐서 형태를 갖추
는 정도인데, 흑❺로 뻗
는 자세가 이상적이라 백
이 좋지 않다.

행마의 요령

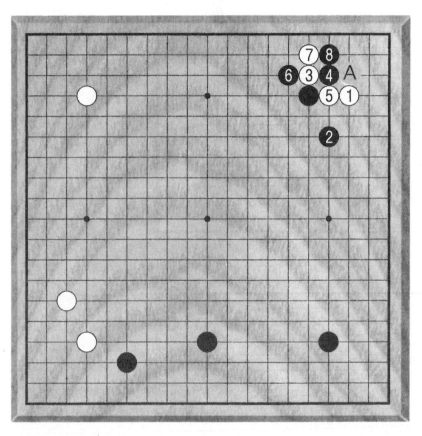

● 둘 차례

백①로 걸쳤을 때 흑❷로 씌운 것은 중앙 방면에 세력을 쌓겠다는 의
도이다. 계속해서 백③으로 붙이고 흑❹, 백⑤까지는 평범한 진행인
데 흑❻으로 단수친 후 ❽로 막은 수가 함정수의 일종이다. 흑❻으로
는 A에 두는 것이 보통. 그렇다면 백은 어떻게 대응하는 것이 최선일
까?

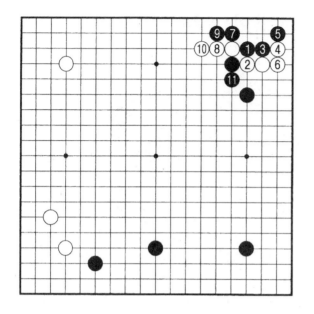

그림1 (보통)

흑❶, 백②ㄷ 때 흑❸으로 밀고 들어가면 보통이다. 백은 ④·⑥으로 젖혀 잇는 것이 형태상의 급소이며 흑은 ❼로 단수친 후 이하 ⓫까지가 보통의 진행이다.

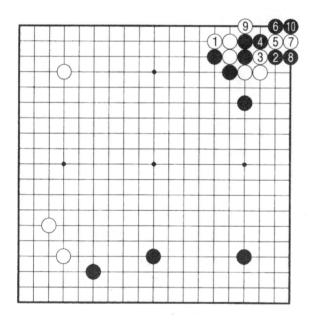

그림2 (올바른 대응)

백①이 함정수에 대한 올바른 대응수단이다. 흑❷의 한 칸 뜀에는 백③·⑤로 나가서 끊는 맥점을 준비해 두고 있다. 흑❻으로 단수친다면 백⑦로 키워 죽이는 것이 이른바 귀삼수의 맥점. 계속해서…

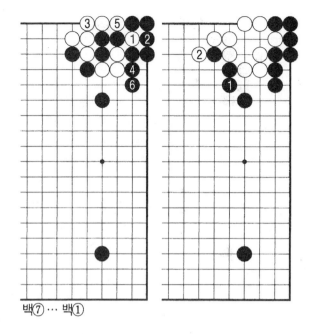

백⑦ … 백①

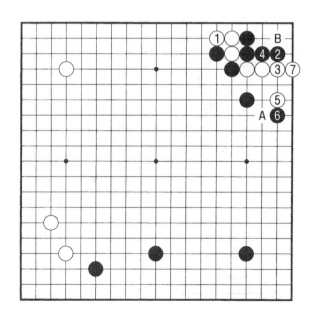

그림3 (계속)

앞 그림 이후 백은 ①로 먹여치는 것이 수상전을 승리로 이끄는 요령이다. 흑❷로 따낸다면 백③으로 잇는 것이 좋은 수순으로 이하 백⑦까지 흑 석 점을 취할 수 있다.

그림4 (백, 만족)

앞 그림에 계속해서 흑은 ❶로 뻗을 수밖에 없는데 백②로 단수쳐서 형태가 일단락된다.

이 결과는 흑 석 점을 잡고 안정한 백 모양이 튼튼해서 흑의 함정수가 실패로 돌아간 모습이다.

그림5 (백의 변화)

백①, 흑❷ 때 강력하게 두고자 한다면 백③으로 막는 수도 성립한다. 흑 ❹, 백⑤ 때 흑❻으로 강력하게 저항해 온다면 백 ⑦로 내려서는 것이 침착한 호착이다. 이후 백은 A와 B가 맞보기이다.

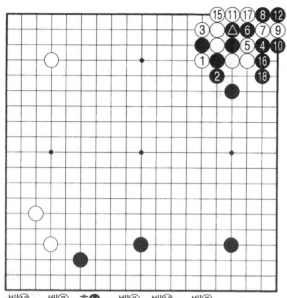

그림6 (수순 착오)

장면도로 돌아가서 흑▲로 막았을 때 백이 ①로 단수쳐서 흑❷로 뻗게 하는 것은 대 악수이다.

백은 ③으로 단수칠 수밖에 없는데, 흑❹로 한 칸 뛰고 이하 백⑲까지 앞에서 살펴본 것과 똑같은 진행이 이루어진다. 계속해서…

백⑬ … 백⑦ 흑❹ … 백⑨ , 백⑲ … 백⑦

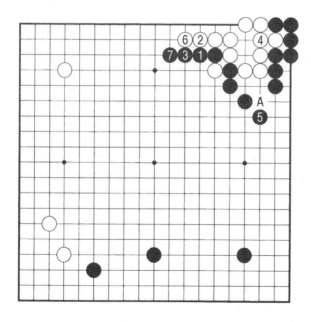

그림7 (흑, 대만족)

앞 그림 이후 흑은 ❶로 움직이는 수가 성립한다. 백은 ②로 민 후 ④에 이어 삶을 모색하는 정도인데, 흑❺·❼까지 흑에게 막강한 세력을 허용한다. 수순 중 흑❺를 생략하면 백A의 건너붙임이 통렬해진다.

138

한 칸 높게

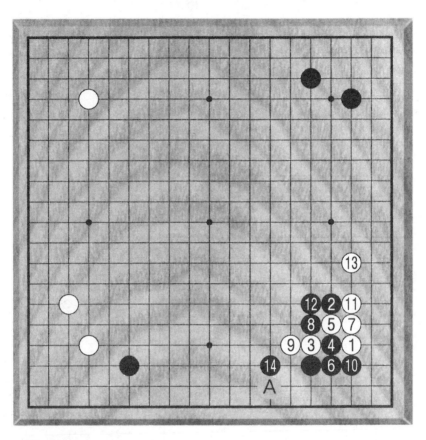

⚪ 둘 차례

백①로 걸쳤을 때 흑❷로 씌운 수가 난해한 대사 정석의 출발점이다.
계속해서 백③에 흑❹로 끼우고 이하 백⑬까지 진행되었을 때 흑❹로
한 칸 뛴 수가 함정수의 일종. 이 수로는 A에 날일자하는 것이 보통
이다. 그렇다면 백은 어떻게 대응하는 것이 최선일까?

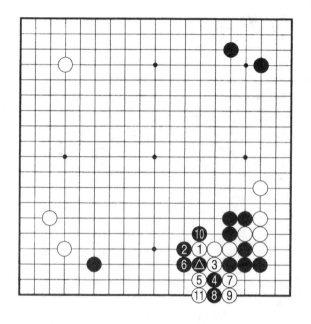

그림1(강력한 함정수)

흑△로 한 칸 뛰면 백은 ①로 미는 한 수. 그런데 흑❷로 젖힌 수가 흑△와 연관된 함정수이다. 계속해서 백③·⑤로 단수치고 이하 백⑪까지 흑 두 점을 잡는 것은 흑의 함정수에 걸려든 모습이다.

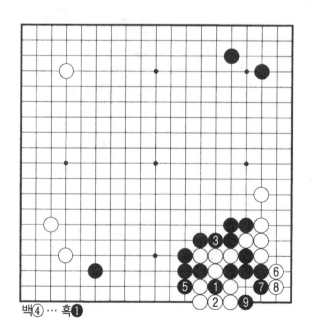

백④ … 흑❶

그림2(백, 죽음)

앞 그림에 계속해서 흑은 ❶로 먹여쳐서 이하 백④까지 철저히 수를 조인 후 ❺에 막는 것이 수상전의 요령이다. 백⑥에는 흑❼이 빈삼각의 묘착으로 백⑧, 흑❾까지 백 대마를 잡을 수 있다.

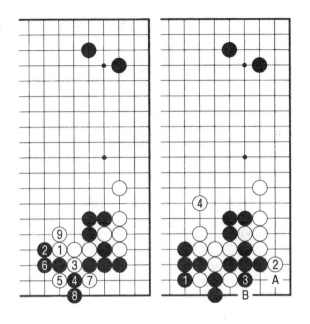

그림3(올바른 대응)

백①로 밀고 흑❷ 이하 흑❽까지는 필연적인 수순이다. 그런데 백이 흑 두 점을 잡지 않고 ⑨로 꼬부려서 빈삼각으로 두는 것이 흑의 함정수를 타파하는 좋은 수이다. 계속해서…

그림4(백, 만족)

흑❶로 백 한 점을 잡는다면 백②·④가 좋은 수순이다. 이 형태는 중앙 흑 석 점을 공격하고 있을 뿐 아니라 장차 백A로 내려선 후 B로 단수치는 끝내기까지 남겨두어 백이 유리하다.

그림5(백, 충분)

이번엔 흑❶로 단수치는 변화이다. 이때는 백②가 좋은 행마법. 계속해서 흑❸·❺를 기다려 이하 백⑥까지 중앙을 정비해 놓으면 중앙 흑 석 점을 공격할 수 있는 만큼 백이 유리하다.

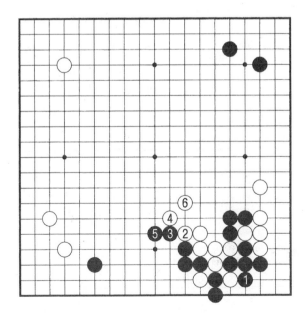

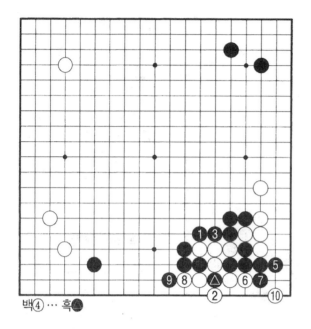

백④ … 흑▲

그림6 (흑, 죽음)

흑이 2선으로 내려서지 않고 곧장 ❶로 단수치는 변화이다. 이때는 백②로 따내는 것이 좋은 수로 흑❸·❺에는 백④ 이하 ⑩까지의 수순으로 귀의 흑을 공략해서 흑 대마를 잡을 수 있다.

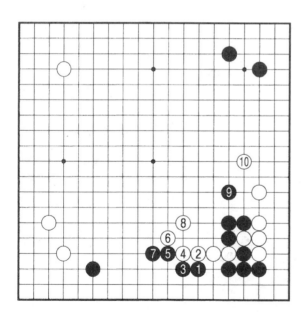

그림7 (백, 우세)

장면도로 돌아가서 흑❶, 백②때 흑은 ❸으로 뻗어 단점을 보강하는 정도이다. 계속해서 백은 ④로 밀어가는 것이 좋은 행마법으로 흑❺ 이하 백⑩까지 중앙 흑 넉 점을 공격하면 대세의 주도권을 장악할 수 있다.

진로를 차단

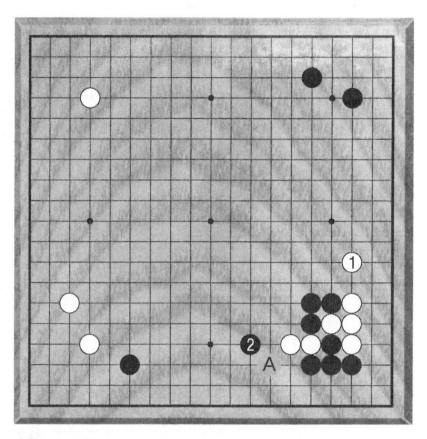

● 둘 차례

백①로 한 칸 뛰었을 때 흑 A로 한 칸 뛰는 함정수는 장면도 34에서
살펴보았다. 이번에는 백①로 한 칸 뛰었을 때 흑이 ❷로 백의 앞길
을 차단했을 때의 응수법에 대해 알아본다. 흑❷ 역시 함정수의 일종
이라고 할 수 있는데, 백은 어떻게 응수하는 것이 최선일까?

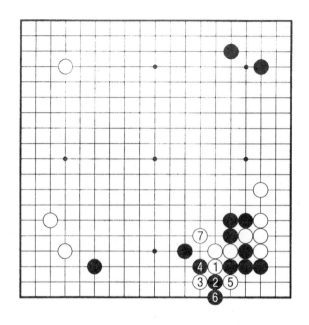

그림1(올바른 대응)

백으로선 기세상 ①로 막는 한 수이다. 계속해서 흑은 ❷·❹로 젖혀 끊고 백⑤의 단수에 ❻으로 내려서는 것이 장면도와 연관된 흑의 함정수이다. 이때 백⑦로 마늘모하는 것이 흑의 함정수를 타파하는 올바른 대응이다.

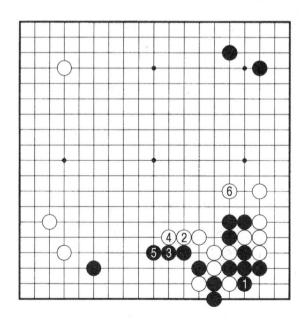

그림2(백, 만족)

앞 그림에 계속해서 흑이 ❶로 단수쳐서 백 한 점을 잡는다면 백②·④로 밀어가는 것이 좋은 수순이다. 흑❸·❺가 불가피할 때 백⑥으로 한 칸 뛰면 중앙 흑 석 점은 거의 잡힌 것이나 다름없다.

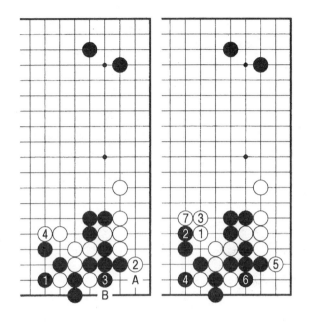

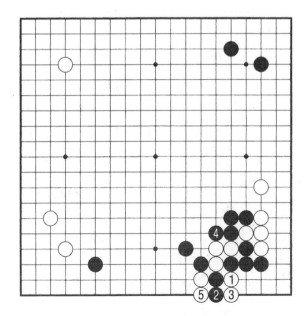

그림3(백, 충분)

앞 그림의 진행을 피해 흑❶로 단수친다면 백은 ②로 젖히는 것이 기분 좋은 선수활용이다. 이하 백④까지의 진행은 백이 유리한 결말. 장차 백A로 내려선 후 백B로 단수치는 큰 끝내기가 남는다.

그림4(흑의 변화)

백① 때 흑❷, 백③을 선수하고 흑❹로 잡는 변화이다. 역시 백⑤에 젖힌 후 이하 백⑦까지 처리하면 중앙 흑 석 점이 약해지는 만큼 백이 유리하다.

그림5(함정수의 의도)

백①의 단수에 흑❷로 뻗었을 때 백③으로 흑 두 점을 잡으면 흑의 함정수에 걸려든다. 흑은 ❹로 단수쳐서 백⑤로 따내게 하는 것이 예정된 수순이다. 계속해서…

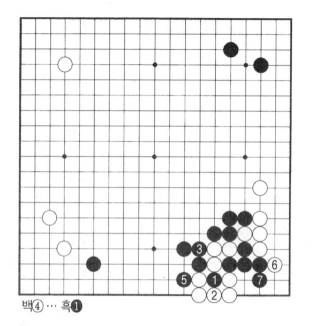

백④ … 흑❶

그림6 (백, 죽음)

앞 그림에 이어 흑은 ❶
로 먹여치는 것이 수상전
의 요령. 백②를 기다려
이하 흑❺까지 철저히 수
를 조인 후 이하 ❼까지
처리하면 백 대마가 잡힌
모습이다.

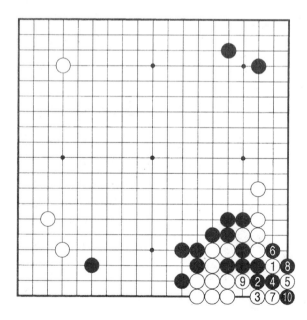

그림7 (만패불청)

백①, 흑❷ 때 백③으로
붙이면 패는 만들 수 있
다. 흑❹로 뻗었을 때 백
⑤·⑦이 패를 만드는 요
령이다. 그러나 이하
흑❿까지의 진행이면 백
으로선 초반 팻감이 없는
만큼 망한 모습이다.

분단을 획책

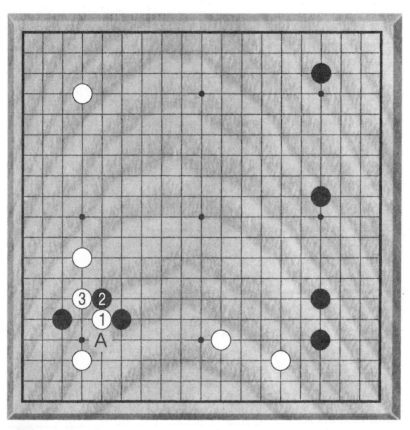

● 둘 차례

백①, 흑❷ 때 백③으로 되젖힌 수는 좌우 흑돌에 대한 분단을 획책한 수로 정석에 없는 함정수의 일종이다. 백③으로는 A에 뻗어 두면 가장 보통. 그렇다면 흑은 이 경우 어떻게 응수하는 것이 최선일까?

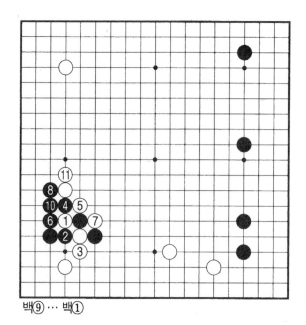

백⑨ … 백①

그림1(함정수의 의도)

백①은 흑❷·❹로 단수
쳐 달라는 것이다. 흑❷·
❹에는 백⑤·⑦로 맞끊
는 것이 봉쇄의 맥점으로
이하 백⑪까지 백은 막강
한 외세를 구축할 수 있
다. 이 결과는 백의 세력
이 돋보인다.

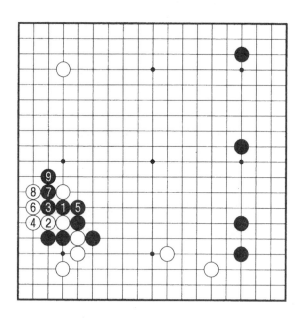

그림2(흑, 두터움)

앞 그림의 수순 중 흑❶
때 백이 ⑤로 맞끊지 않
고 ②로 뻗는 것은 좋지
않다. 흑❸으로 단수치고
❺에 이으면 백은 ⑥·⑧
까지 선수로 실리를 차지
하는 정도인데, 흑❾까지
흑이 두텁다.

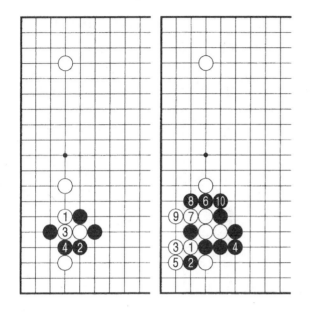

그림3(올바른 대응)

백①때 흑은 ❷로 단수 친 후 ❹에 뚫는 것이 함 정수에 대한 올바른 응수 법이다. 흑은 백에게 어 느 정도의 세력을 허용하 더라도 귀의 실리만 차지 하면 충분하다는 계산이 다. 계속해서…

그림4(흑, 두터움)

앞 그림에 이어 백①로 끊는다면 흑❷로 단수친 후 ❹에 잇는 것이 좋은 수순이다. 백은 ⑤로 단 수칠 수밖에 없는데, 흑 ❻으로 단수친 후 이하 흑❿까지 외세를 구축해 서 충분한 모습이다.

그림5(흑, 충분)

이번엔 백①로 끊는 변화 이다. 이때는 흑❷로 뻗 는 것이 침착한 호착. 백 은 ③으로 막는 정도인 데, 흑❹, 백⑤를 선수한 후 흑❻으로 내려서 귀 의 실리가 크다. 백은 양쪽 의 뒷문이 열려 있다는 것 도 불만이다.

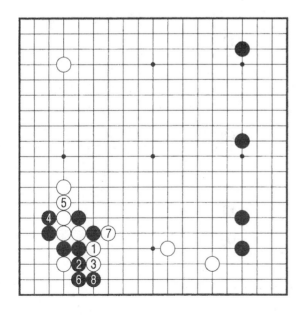

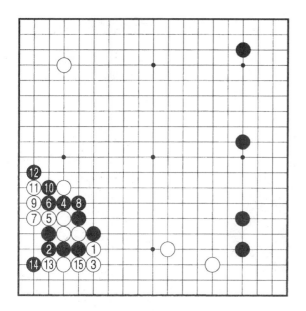

그림6 (무리한 욕심)

백①때 흑이 앞 그림처럼 ⑮에 내려서지 않고 ❷에 잇는 것은 약간 의문이다. 백은 ③으로 내려서는 것이 강수. 흑❹로 단수치고 이하 ❽까지 백의 약점을 추궁해 보지만 백⑮까지의 진행이면 도리어 흑이 잡힌 모습이다.

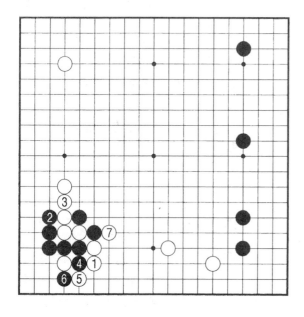

그림7 (흑의 차선책)

앞 그림의 수순 중 백①로 내려서면 흑은 ❷로 단수친 후 ❹·❻으로 두어 귀의 실리를 차지하는 정도이다. 그러나 백⑦로 단수치고 나면 그림5와 비교해 볼 때 흑이 약간 불리한 결말이다.

손해 없는 함정수

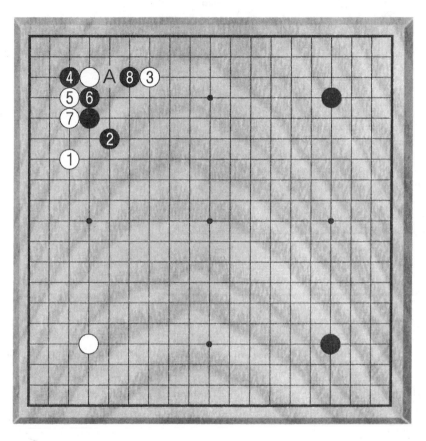

🌑 둘 차례

백①로 협공했을 때 흑❷로 마늘모한 것은 견실 위주의 수법. 계속해서 백③으로 두 칸 벌리고 이하 백⑦까지는 상용의 정석 진행인데, 흑❽로 붙인 수가 정석에 없는 함정수의 일종이다. 흑❽로는 A에 단수치는 것이 보통. 그렇다면 백은 어떻게 응수하는 것이 최선일까?

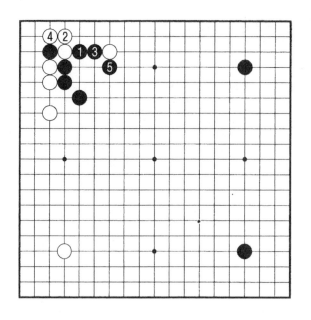

그림1(정석)

백이 연결했을 때 흑❶로 단수치면 보통이다. 백② 때 흑❸으로 치받은 수는 눈여겨볼 만한 맥점. 백이 ④로 단수쳐서 흑 한 점을 잡을 수밖에 없을 때 흑❺로 젖혀 정석이 일단락된다.

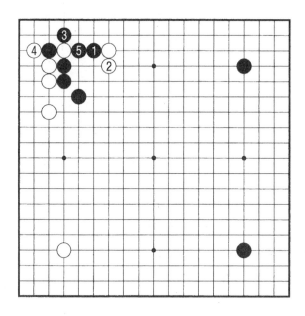

그림2(함정수의 의도)

흑❶로 붙인 것은 백②로 응수해 달라는 것이다. 백②라면 흑❸으로 단수 쳐서 흑이 함정수가 성공을 거둔 모습이다. 계속해서 백④가 불가피할 때 흑❺로 따내면 백이 크게 망한 모습이다.

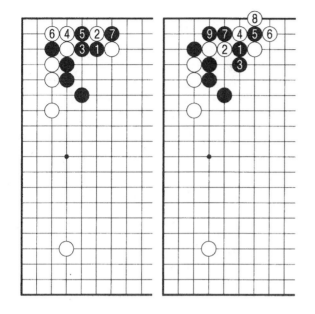

그림3(백, 손해)

흑❶때 백②로 젖히는 수 역시 찬성할 수 없다. 흑❸으로 단수친 후 백④때 흑❺로 막으면 백은 ⑥으로 물러설 수밖에 없는데, 흑❼로 단수쳐서 백 한 점만 잡힌 꼴이 되고 말았다.

그림4(백의 욕심)

흑❶ 때 얼핏 백②로 치받은 후 ④에 넘는 것이 급소처럼 보인다. 그러나 흑❺ 때 백으로선 다음의 응수가 없다. 백⑥·⑧로 단수쳐서 흑 한 점을 잡는다면 이하 흑❾까지 귀의 손실이 막대하다.

그림5(흑, 두터움)

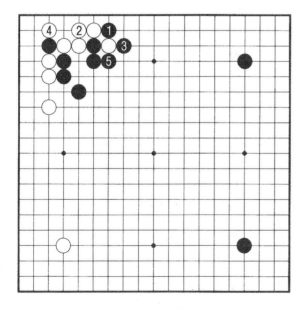

흑❶ 때 백②로 이으면 앞 그림과 같은 진행은 피할 수 있다. 그러나 흑❸으로 단수쳐서 백 한 점을 축으로 잡고 나면 백④로 보강할 수밖에 없는 것이 백의 고민이다. 흑❺까지 흑이 두텁다.

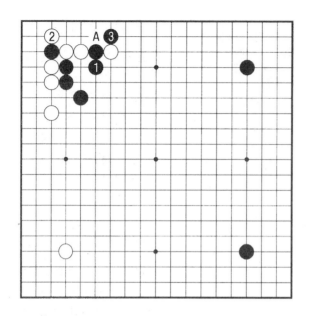

그림6 (흑, 만족)

흑❶로 올라서면 백은 A
에 넘지 못하고 ②로 단
수치는 정도이다. 그러나
흑❸으로 젖히고 나면 그
림1과 비교해 볼 때 흑이
유리한 결말이다. 결국
그림4에서 백②로 치받은
수가 좋지 않았다는 결론
이다.

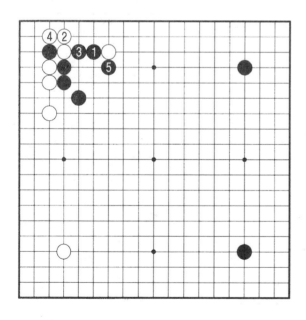

그림7 (올바른 응수)

흑❶로 붙이면 백은 침착
하게 ②로 뻗는 것이 함
정수에 대한 올바른 응수
법이다. 계속해서 흑❸으
로 치받고 백④, 흑❺까
지 그림1의 기본 정석으
로 환원된 모습이다. 결
국 흑❶은 손해가 없는
함정수였다.

혼란을 유도한 붙임

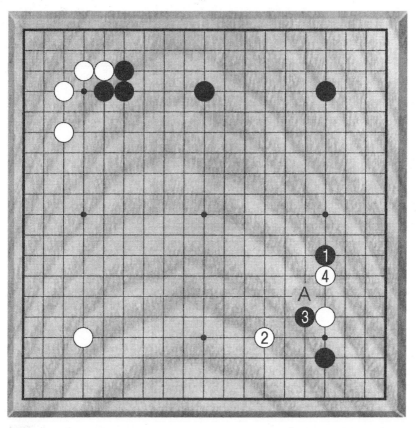

● 둘 차례

흑❶로 협공하고 백②, 흑❸까지는 실전에 흔히 등장하는 기본 정석
이다. 그런데 백④로 붙인 수가 정석에 없는 함정수의 일종.
백④로는 A에 젖히는 것이 보통이다. 그렇다면 흑은 백의 함정수에
맞서 어떻게 응수하는 것이 최선일까?

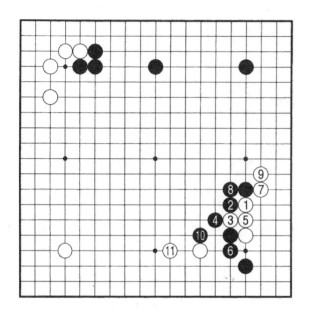

그림1(함정수의 의도)

백① 때 흑❷로 젖히는 것은 백의 함정수에 말려 드는 수이다. 흑❷에는 백③·⑤로 끼워 잇는 것이 좋은 행마법으로 이하 백⑪까지 백이 두기 편한 바둑이다.

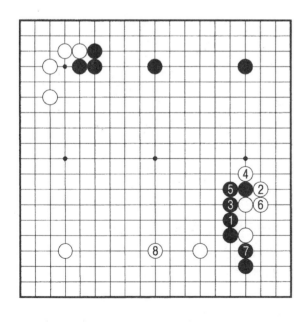

그림2(백, 충분)

흑❶이 형태상의 급소처럼 보이지만 이때는 백②가 호착이다. 흑은 기세상 ❸으로 연결의 형태를 취할 수밖에 없는데, 백④·⑥을 선수한 후 ⑧로 두 칸 벌려 백이 양쪽을 모두 처리한 모습이다.

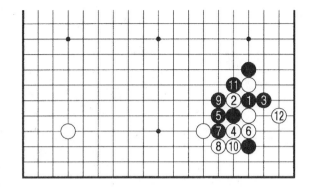

그림3(실리가 크다)

이번엔 흑①로 끼우는 변화이다. 흑①로 끼우면 백은 ②·④로 단수친 후 ⑥으로 잇는 것이 좋은 수순이다. 이하 백⑫까지의 진행이면 귀의 실리가 돋보인다.

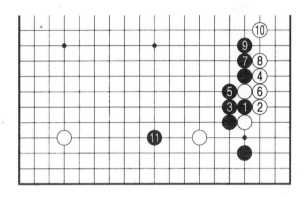

그림4(흑, 활발)

흑① 때 백②로 단수치는 것은 좋지 않다. 흑은 ❸으로 이은 후 이하 흑❾까지 선수로 세력을 쌓는 것이 좋은 수순이다. 백⑩을 기다려 흑⑪로 협공하면 이 결과는 도리어 흑이 활발하다.

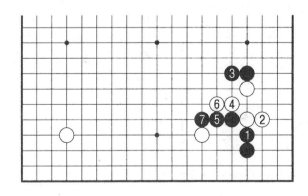

그림5(올바른 대응)

흑①이 함정수에 대한 올바른 응수법이다. 계속해서 백②로 내려선다면 흑❸이 공격의 급소점. 이후 백이 ④·⑥으로 탈출을 모색한다면 이하 흑❼까지 백 한 점을 무력화시켜 흑이 유리하다.

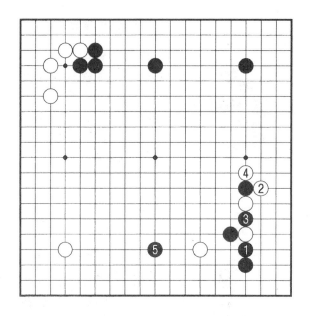

그림6(흑, 충분)

흑❶로 치받으면 백은 ②로 젖혀 응수하는 정도이다. 흑❸으로 단수치면 백도 ④로 단수쳐서 형태를 정비하는 정도. 그러나 흑이 선수를 취해 ❺로 협공하면 흑이 대세의 주도권을 장악한 모습이다.

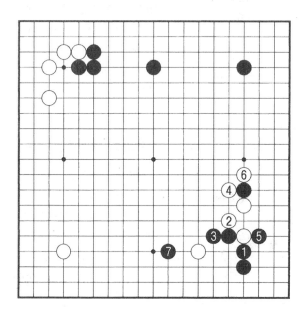

그림7(흑, 우세)

흑❶ 때 백②로 호구치면 흑❸으로 뻗는 것이 침착한 호착이다. 계속해서 백④로 호구치고 흑❺, 백⑥까지는 쌍방 기세의 진행이다. 그러나 선수를 취한 흑이 ❼로 협공하면 이 역시 흑이 우세한 결말이다.

하수의 행마

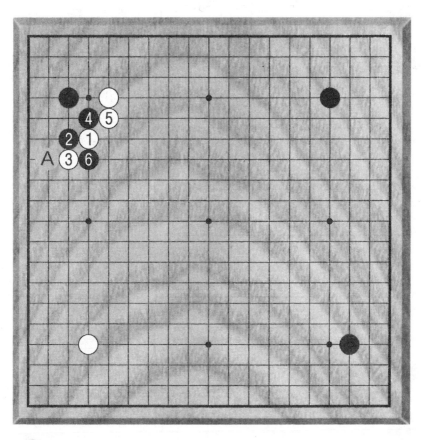

⚪ 둘 차례

백①로 씌우고 흑❷로 붙였을 때 백③으로 젖힌 수는 축유리를 전제로 한 것이다. 축이 백에게 불리하다면 백③으로는 ❻으로 뻗는 정도이다. 그런데 흑❹로 호구친 후 ❻으로 단수친 것이 정석에 없는 수순이다. 흑❻으로는 A에 이단젖히는 것이 보통. 그렇다면 백은 이후 어떻게 응수해야 할까?

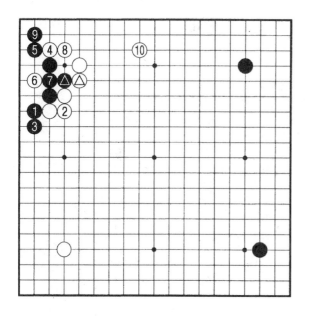

그림1(흑의 최선)

흑▲, 백△를 교환한 이상 흑은 ❶이 올바른 응수법이다. 백은 ②로 잇는 정도인데, 흑❸으로 뻗어 진출이 가능하다. 그러나 이하 백⑩까지 흑돌들이 2선에 치우친 모습이라 백이 활발하다.

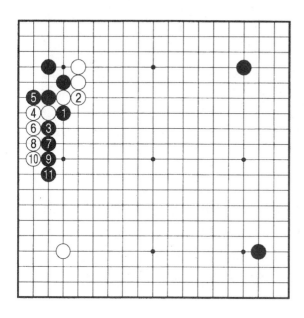

그림2(흑의 의도)

흑❶은 백②에 흑❸, ❺로 공격하겠다는 뜻.
이하 백⑧은 무책으로 흑의 대성공이다. 하지만 백⑧로는…

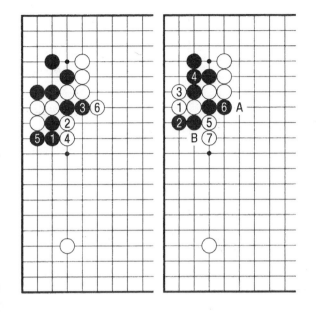

그림3(백의 반격)

흑❶로 뻗었을 때 앞 그림 백⑧로는 백②로 끊는 반격수단이 성립한다. 흑❸으로 뻗는다면 백④가 좋은 수순으로 흑❺를 기다려 백⑥으로 단수치면 요석인 흑 두 점을 축으로 잡을 수 있다.

그림4(흑, 곤란)

백① 때 이번에는 흑❷로 막는 변화이다. 이때는 백③, 흑❹를 선수한 후 백⑤로 끊는 수단이 성립한다. 흑❻에는 백⑦로 뻗는 것이 좋은 수로 A와 B가 맞보기가 되고 있다.

그림5(백, 충분)

백① 때 흑❷로 호구치면 백 두 점은 잡을 수 있다. 그러나 이때는 백③이 흑의 약점을 활용하는 좋은 수이다. 흑은 ❹로 후퇴할 수밖에 없는데, 백⑤로 젖혀 귀의 실리를 크게 차지한 모습이다.

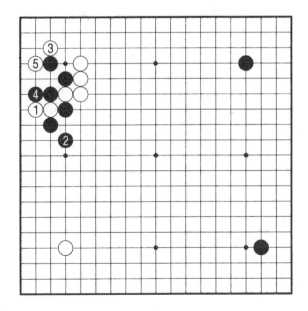

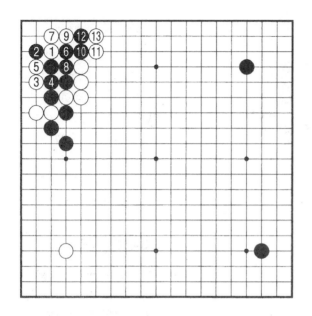

그림6(흑, 무리)

백①때 흑❷로 젖히는 것은 무리이다. 흑❷에는 백③으로 치중하는 것이 맥점으로 흑❹를 기다려 백⑤로 끊으면 흑이 곤란한 모습이다. 이하 백⑬까지 흑 전체가 잡힌 모습이다.

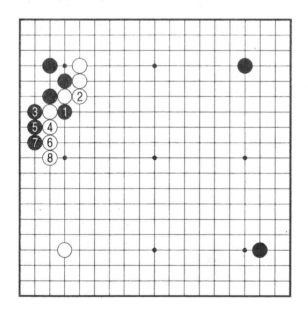

그림7(백, 불만)

흑❶로 단수치고 백②로 이었을 때 흑이 ❸으로 단수치면 앞 그림과 같은 진행은 피할 수 있다. 그러나 백이 ④로 뻗은 후 이후 ⑧까지 두터움을 확립하면 흑이 망한 모습이다.

묘한 붙임

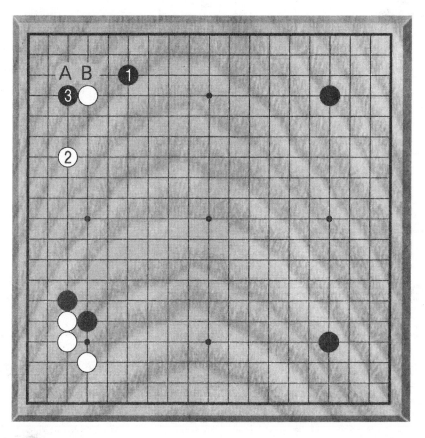

🔘 둘 차례

흑❶로 걸쳤을 때 백②로 눈목자한 것은 좌하귀 형태와 연관성을 갖는 수이다. 계속해서 흑이 A에 3·三 침입하거나 B에 붙이면 가장 보통인데, ❸으로 묘한 곳에 붙여온 장면이다. 흑❸은 정석에 없는 함정수인데, 백은 어떻게 응수하는 것이 최선일까?

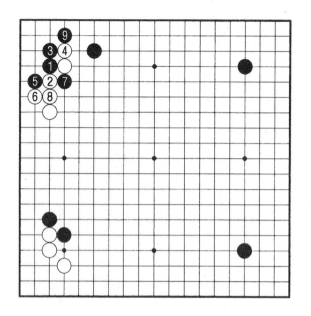

그림1(흑의 의도)

흑❶은 백②로 젖혀 달라
는 것이다. 계속해서 흑
❸으로 뻗으면 백은 ④로
막는 정도인데, 흑❺·❼
를 선수한 후 흑❾에 젖
혀 손쉽게 수습할 수 있
는 모습이다.

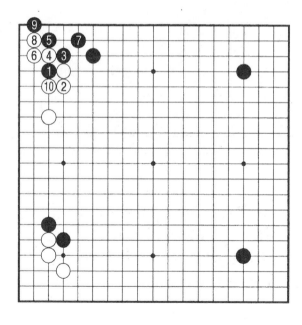

그림2(간명한 선택)

흑❶ 때 가장 간명하게 응
수한다면 백②로 뻗는 것
이다. 흑은 ❸으로 젖히
는 정도인데, 백④로 끊
은 후 이하 백⑩까지 처
리해서 기본 정석으로 환
원된 모습이다.

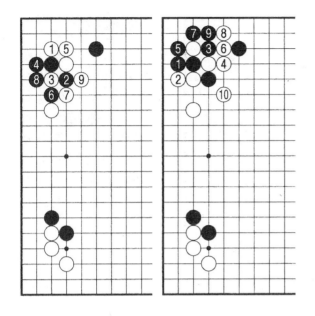

그림3(백의 강경책)

흑의 함정수에 대해 최강의 대응수는 백①이다. 계속해서 흑❷라면 백③이 좋은 수로 흑❹ 때 백⑤로 잇는 것이 요령이다. 이후 흑❻이라면 백⑦·⑨가 흑을 봉쇄하는 통렬한 수순이다.

그림4(백, 우세)

흑❶ 때 확실한 방법으로 외세를 확립하고 싶다면 백②로 막는 것이 좋은 수이다. 계속해서 흑은 ❸·❺로 단수쳐서 수습하는 정도인데, 백④로 뻗은 후 이하 ⑩까지 철벽을 구축할 수 있다.

그림5(흑의 변화)

백① 때 흑❷로 뻗어 변화한다면 백③으로 막는 것이 두터운 수이다. 흑❹로 젖힌다면 백⑤로 호구친 후 이하 ⑬까지 흑 한 점을 공격해서 대세의 주도권을 장악할 수 있다.

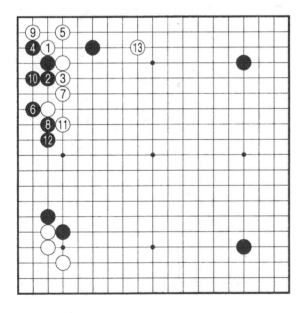

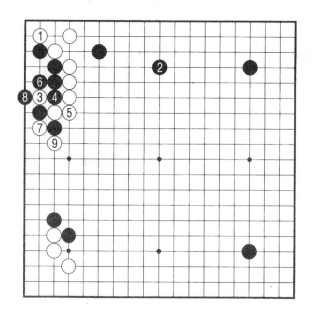

그림6(백, 충분)

백①로 호구쳤을 때 흑❷로 변화한다면 백③으로 젖히는 수가 준비되어 있다. 흑은 ❹·❻으로 단수쳐서 백 한 점을 잡을 수밖에 없는데, 이하 백⑨까지 흑 한 점을 축으로 잡아 백이 우세한 결말이다.

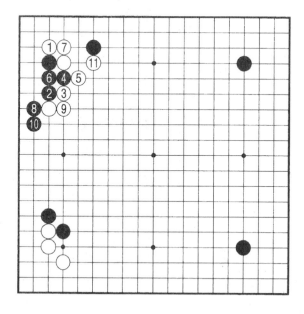

그림7(백, 우세)

백① 때 흑❷로 붙인 것은 일종의 맥점. 그러나 백은 ③으로 젖혀 알기 쉽게 응수해도 충분하다. 흑은 ❹·❻으로 끼워 이은 후 이하 ❿까지 형태를 정비하는 정도인데, 백에게 두터움을 허용해서 불리한 결과이다.

위협적인 붙임

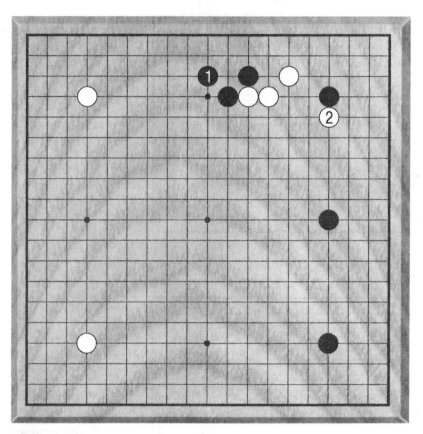

● 둘 차례

흑❶로 호구쳤을 때 백②로 붙인 것은 귀의 흑을 강하게 공격하겠다는 뜻이다. 백②는 함정수의 일종인데, 흑은 어떻게 응수하는 것이 최선일까?

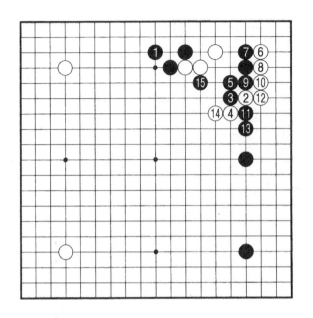

그림1(기본 정석)

흑❶로 호구쳤을 때 백②로 양걸침하면 가장 평범하다. 이하 흑⑮까지 쌍방 무난한 갈림이다.

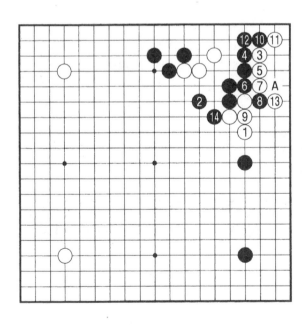

그림2(백의 변화)

백은 ①로 호구쳐서 응수를 묻는 수도 가능하다. 흑은 ❷로 한 칸 뛰게 되는데, 이하 흑⑭까지가 기본형이다. 수순 중 백⑬을 생략하면 흑 A로 젖히는 수가 성립한다.

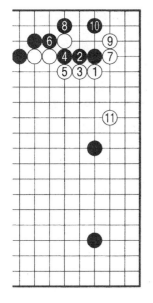

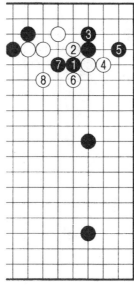

그림3 (함정수의 의도)

백①로 붙였을 때 흑❷
이하 ❿까지 실리에 연연
하는 것은 좋지 않다. 백
⑪까지의 결말은 백이 유
리하다.

그림4 (흑, 손해)

이번엔 흑❶로 젖히는 변
화이다. 백은 ②로 끊는
것이 강수로 백⑧까지 흑
두 점을 취해 대만족이
다.

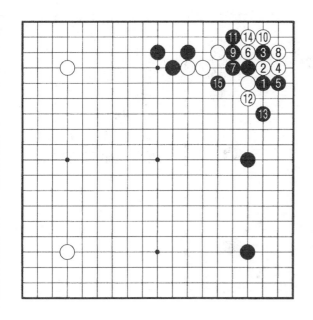

그림5 (흑의 정수)

흑은 ❶로 젖히는 것이
좋은 응수법이다. 백②에
는 흑❸·❺가 강수로 이
하 흑⓯까지 백은 양곤마
의 형태가 되고 만다.

169

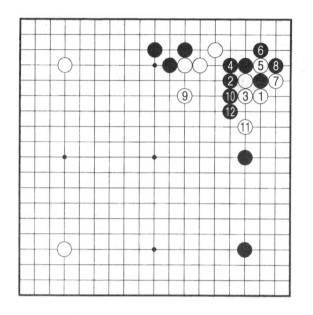

그림6(흑, 우세)

백①로 되젖혀 응수한다면 흑은 ❷로 단수친 후 ❹에 잇는 것이 좋은 수순이다. 이하 흑⓬까지의 흑이 우세한 싸움이다.

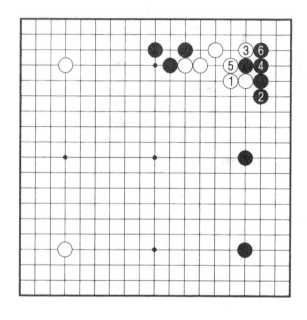

그림7(흑, 만족)

흑이 젖히면 백은 ①로 뻗는 정도이다. 계속해서 흑❷로 머리를 내밀고 이하 흑❻까지의 결과는 흑이 양쪽을 모두 처리한 만큼 우세한 결과이다.

무리한 들여다봄

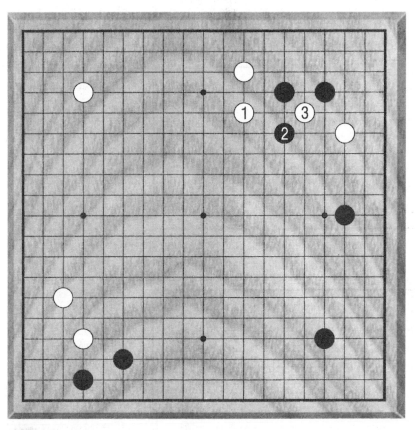

⬤ 둘 차례

화점 정석에서 등장한 형태이다. 백①, 흑❷ 때 백③으로 흑의 급소를 찔러 온 장면인데, 백③은 함정수의 일종이다. 흑은 이 경우 어떻게 응수하는 것이 최선일까?

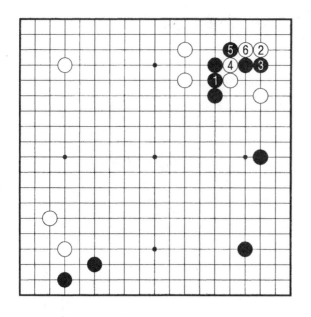

그림1(사석전법)

단순하게 흑❶로 잇는 것
은 함정수에 말려드는 수
이다. 백②의 3·三 침입
이 호착이자 타이밍이다.
계속해서 흑❸으로 막는
정도인데, 백④·⑥으로
나가 끊는 것이 백으로선
적절한 사석전법이다.

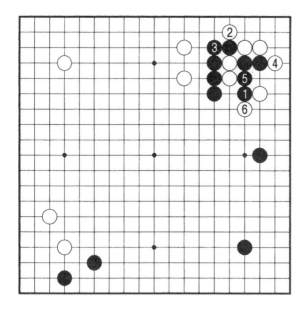

그림2(백, 만족)

그림1에 계속해서 흑은
❶로 장문을 씌워 백 두
점을 잡는 정도이다. 백
은 ②로 단수친 후 이하
백⑥까지 두 점을 사석으
로 삼아 멋지게 형태를
정비할 수 있다.

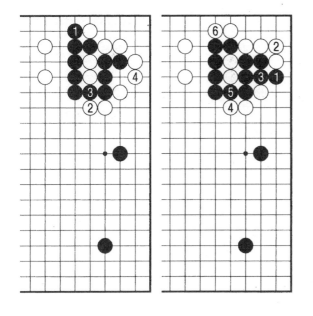

그림3(최종 결과)

그림2 이후 흑이 **❶**로 막아 연결을 차단한다면 백②, 흑❸을 선수한 후 ④로 연결하는 것이 수순이다. 이 결과는 흑이 백의 함정수에 걸려든 모습이다.

그림4(백, 충분)

백이 앞의 그림처럼 처리하지 않고 흑❶로 막는다면 이하 백⑥까지 연결의 형태를 취해 이 역시 백이 유리하다.

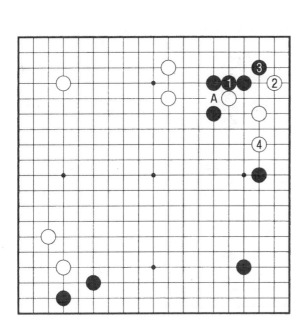

그림5(흑의 약점)

단순히 흑❶로 잇는 수 역시 좋지 않다. 백은 ②·④로 안정을 취한 후 A의 약점을 노려 충분한 모습이다.

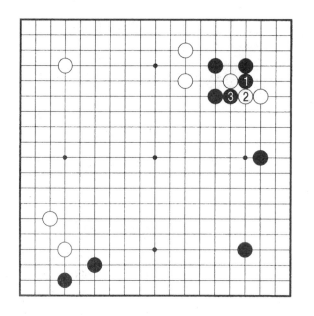

그림6(함정수 격파)

흑은 **1**로 밀고 나갈 곳
이다. 백②로 막는다면
흑**3**으로 끊어 백 한 점
을 장문의 형태로 취할
수 있다.

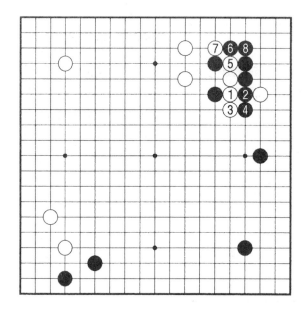

그림7(흑, 충분)

백①로 물러선다면 흑**2**
으로 뚫어서 충분하다.
이하 흑**8**까지 흑의 실리
가 월등하다.

과격한 이단젖힘

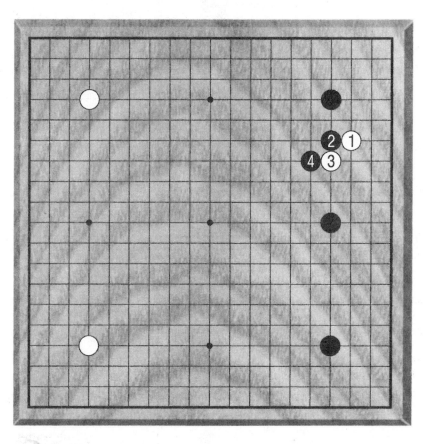

● 둘 차례

백①로 걸쳤을 때 흑❷로 붙인 후 ❹로 이단젖히는 수는 다소 과격한
처리 수단이다. 이후 백의 응수가 관건인데, 이후의 변화를 검토해
보기로 한다.

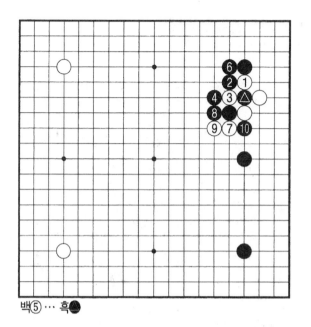

백⑤ … 흑●

그림1(흑의 강수)

백은 ①로 단수치는 한 수
이다. 계속해서 흑은 ②·
④로 막는 것이 강수인데
백⑤로 이은 수가 의문
수. 이하 백⑨까지 진행
되었을 때 흑에겐 ⑩으로
끊는 수가 준비되어 있
다.

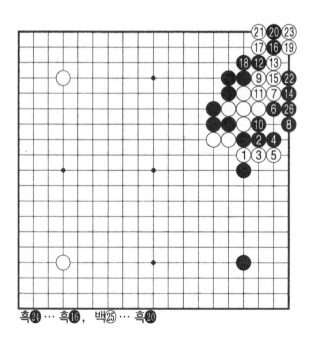

흑㉔ … 흑⑯, 백㉕ … 흑⑳

그림2(백, 죽음)

그림1에 계속해서 백①로
단수친 후 ③으로 뚫는
수는 얼핏 기세처럼 보인
다. 그러나 이하 흑㉖까
지의 진행에서 보듯 백은
귀삼수로 잡히고 만다.

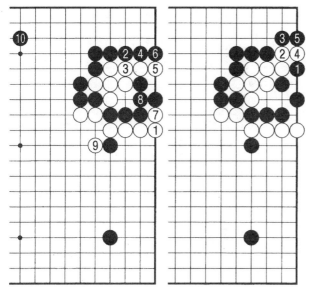

그림3(흑, 선수 빅)

앞 그림의 수순 중 백이 ①로 내려서는 변화이다. 이때는 흑②로 막은 후 이하 백⑨까지 처리하는 것이 좋은 수순으로 선수를 취해 흑⑩으로 전개하면 흑이 유리한 결말이다.

그림4(흑의 선택)

흑은 앞 그림처럼 선수 빅으로 처리하지 않고 ❶로 젖혀 패로 버틸 수도 있다. 흑은 팻감 관계를 잘 계산해야 한다.

그림5(백의 변화)

백이 그림1처럼 중앙으로 밀어 올리지 않고 ①로 호구치는 변화이다. 이때는 흑②로 올라서는 것이 좋은 수로 이하 흑⑩까지 흑이 유리하다.

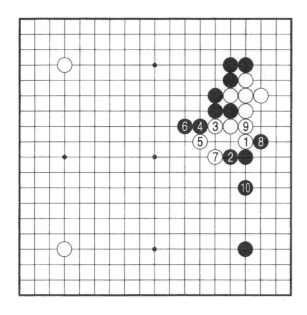

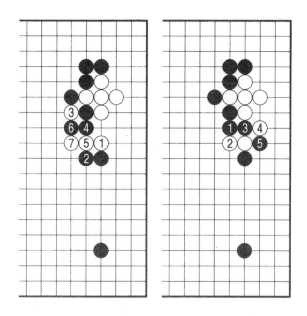

그림6(상용의 맥점)

단수를 결행하지 않고 단순히 ①로 붙이는 것이 상용의 맥점처럼 보인다. 계속해서 흑❷로 응수한다면 이하 백⑦까지 돌파해서 대만족이다.

그림7(통렬한 절단)

그러나 흑에겐 ❶로 뻗는 강수가 준비되어 있다. 백②에는 흑❸·❺로 절단해서 백이 곤란한 모습이다.

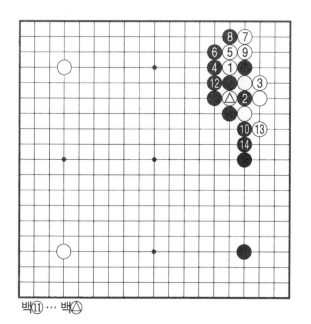

백⑪ … 백△

그림8(함정수 격파)

그림1로 돌아가서 백은 패를 잇지 않고 ①로 끊는 것이 좋은 수이다. 흑❶까지의 결과는 백의 실리가 돋보인다.

의외의 붙임

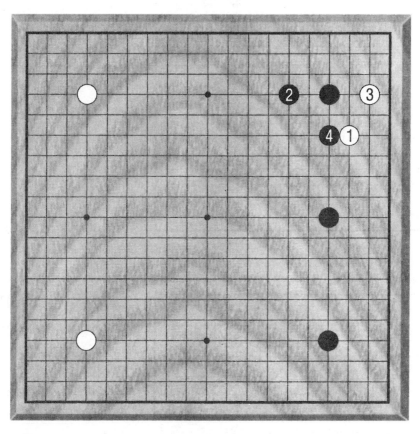

🔵 둘 차례

백①로 걸쳤을 때 흑❷로 받은 것은 최선의 응수는 아니다. 백③으로 날일자했을 때 흑❹로 붙인 수가 함정수의 일종으로 강력한 노림을 간직하고 있다. 이 수에 대한 응수법을 살펴보기로 한다.

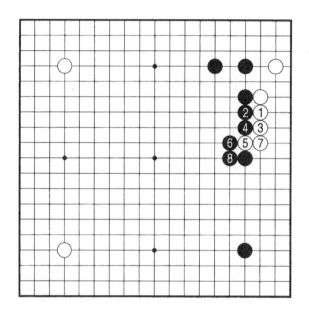

그림1(흑, 두텁다)

흑이 붙였을 때 평범하게 ①로 뻗는 것은 좋지 않다. 흑은 ❷로 막은 후 이하 ❽까지 두터움을 확립해서 충분한 모습이다. 수순 중 흑❻으로는 ⑦로 끊어 싸울 수도 있다.

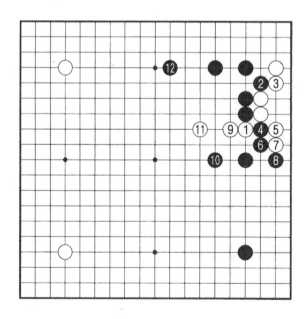

그림2(흑, 유리한 싸움)

백이 그림1처럼 응수하지 않고 ①로 젖힌다면 흑 ❷·❹로 절단하는 강수가 성립한다. 흑❶❷까지의 결과는 흑이 유리한 싸움이다.

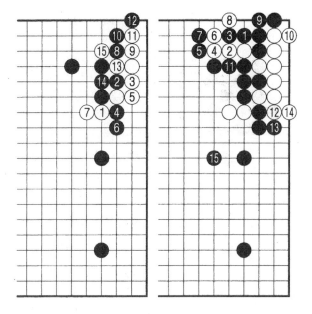

그림3(백의 정수)

백은 ①로 젖히는 한 수
이다. 흑은 ❷·❹를 선
수한 후 ❻으로 뻗게 되
는데, 백⑦로 뻗는 수가
무리수. 이하 백⑮까지
백도 충분히 둘 수 있을
것 같지만…

그림4(백, 망함)

그림3에 계속해서 흑에겐
❶로 단수친 후 이하 ⓫
까지 백을 빈축으로 잡는
수단이 준비되어 있다.
흑⑮까지의 결과는 백이
망한 모습이다.

그림5(흑의 선택)

그림3의 흑⓮로는 경우에
따라 흑❶로 뻗는 강수도
가능하다. 백②로 따내도
흑❸으로 뻗은 후 이하
⓭까지 처리하면 백 전체
가 잡힌 모습이다.

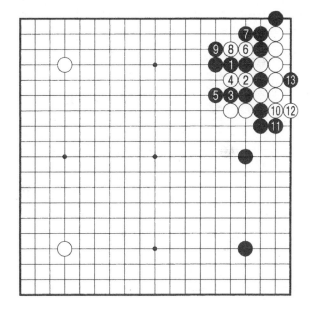

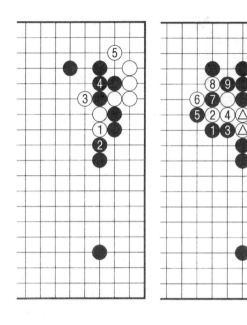

그림6(백의 변화)

그림3의 백⑦로 두지 않고 ①로 미는 변화이다. 백①에는 흑❷로 받는 것이 좋은 수이다. 얼핏 백도 ③·⑤로 처리해서 충분히 둘 수 있을 것 같지만…

그림7(백, 죽음)

앞 그림에 계속해서 흑에겐 ❶로 날일자해서 공격하는 수가 준비되어 있다. 계속해서 백②이하로 백△ 두 점을 살리려고 해도 흑❾까지 회돌이치면 꼼짝없이 잡힌 형태이다.

그림8(백의 최선)

백은 중앙 한 점을 움직이지 않고 단순히 ①로 입구자해서 삶을 모색하는 것이 최선이다. 흑은 ❷로 단수쳐서 두터움을 확립하게 되는데, 피차 충분히 둘 만한 결과이다.

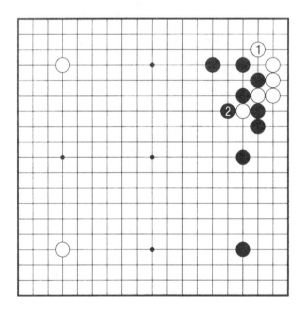

강력한 저항

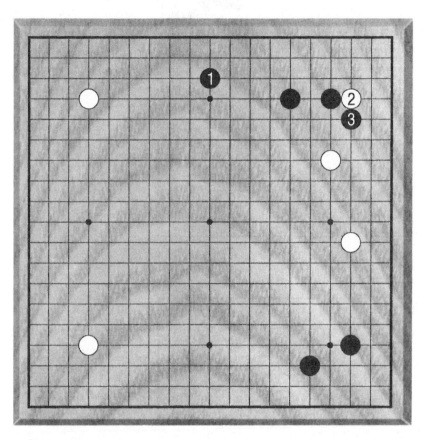

 둘 차례

흑❶로 전개했을 때 백②로 붙인 수는 상용의 응수타진. 계속해서 흑
❸으로 젖힌 수가 강력한 수로 백으로선 응수에 신중을 기해야 한다.
이후의 변화를 검토해 본다.

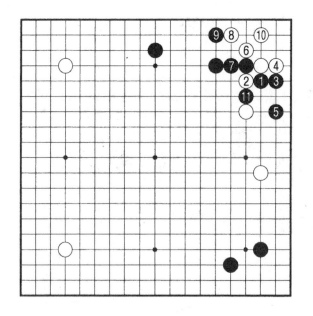

그림1(흑, 두텁다)

흑❶로 젖혔을 때 기세상
으로는 백②로 끊는 수이
지만 이 경우엔 의문이
다. 흑은 ❸으로 뻗는 것
이 호착으로 이하 흑⓫까
지 흑이 두텁다.

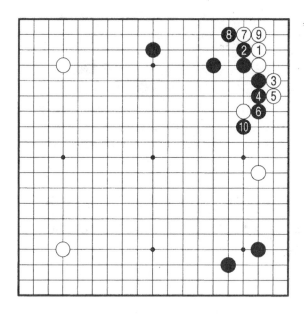

그림2(백, 불만)

백은 ①로 뻗는 한 수이
다. 그런데 흑❷로 막았
을 때 백③으로 젖힌 수
가 의문수. 흑⓾까지의
결과는 흑이 유리하다.

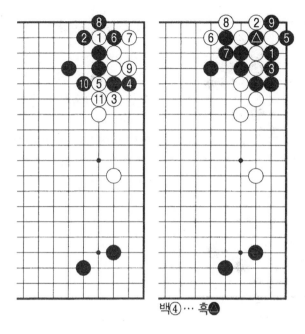

백④ … 흑▲

그림3 (백의 반격)

백은 그림2처럼 두지 않고 ①로 젖히는 것이 좋은 수이다. 계속해서 흑 ②로 막는다면 백③으로 껴붙이는 것이 호착으로 백⑪까지 백이 유리하다.

그림4 (흑의 변화)

흑이 앞 그림처럼 한 점을 따내지 않고 ❶로 단수치는 변화이다. 계속해서 백②로 따내고, 이하 흑❾까지 흑은 패로 버티는 것이 최선인데…

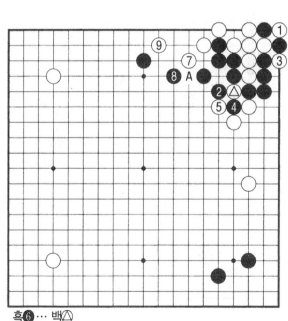

흑❻ … 백△

그림5 (흑의 약점)

그림4에 계속해서 흑은 ❷로 단수쳐서 팻감을 쓰는 정도이다. 백은 ③으로 따낸 후 이하 백⑨까지 두게 되는데, A의 약점이 남아 있는 만큼 이 결과는 백이 유리하다.

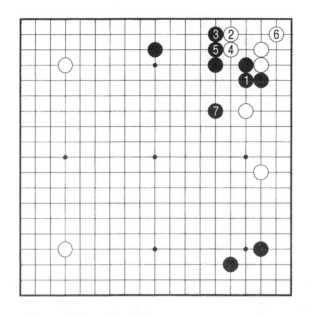

그림6(흑의 정수)

흑은 그림2처럼 곧장 막지 않고 ❶로 잇는 것이 정수이다. 계속해서 백②로 날일자하고 이하 흑❼까지가 예상되는 진행인데 피차 불만 없는 갈림이다.

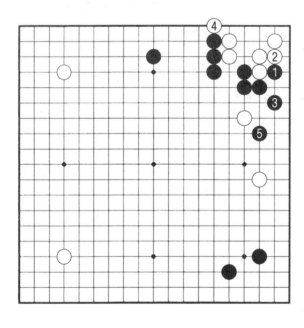

그림7(가능한 변화)

흑은 그림6처럼 두지 않고 ❶로 젖힌 후 ❸으로 호구치는 수도 가능하다. 계속해서 백④로 젖혀 살고 흑❺로 침입하기까지 피차 둘 수 있는 형태이다.

수상전의 요령

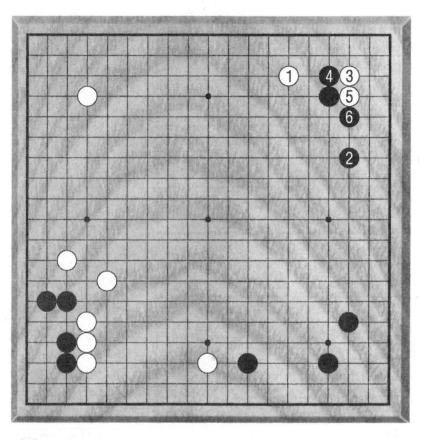

○ 둘 차례

눈목자 정석에서 흔히 등장하는 형태이다. 백③으로 침입하고 흑❹, 백⑤까지는 정석적인 진행인데, 흑❻으로 막은 수가 함정수의 의미가 짙다. 흑❻은 축이 유리할 때나 가능한 수인데, 이 경우 백은 어떻게 응수하는 것이 최선일까?

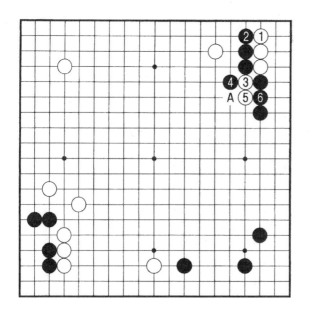

그림1(흑, 곤란)

백은 ①로 내려서는 것이 좋은 수이다. 계속해서 흑❷에는 백③으로 끊는 강수가 성립한다. 흑❹ · ❻ 이후 A의 축이 성립하지 않는 만큼 이 형태는 흑이 곤란하다.

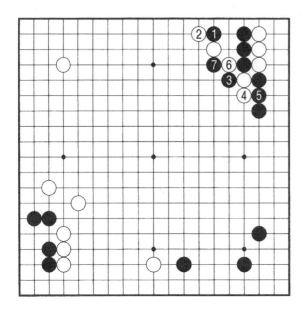

그림2(백, 죽음)

백이 끊으면 흑은 ❶로 붙이는 한 수이다. 계속해서 백②로 젖히는 것은 대 악수. 흑이 ❸으로 단수친 후 이하 ❼까지 처리하면 백이 망한 모습이다.

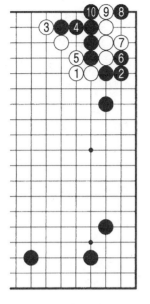
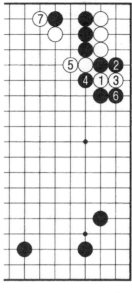

그림3(백, 수 부족)

단순히 ①로 뻗는 수 역시
좋지 않다. 백①에는 흑
❷가 좋은 수로 이하
흑❿까지 수상전을 승리
로 이끌 수 있다.

그림4(백의 수순)

백은 ①로 단수친 후 ③
으로 막아 두 점으로 사
석으로 처리하는 것이 좋
은 수순이다. 백⑤·⑦이
면 앞 그림과는 한 수 차
이가 난다.

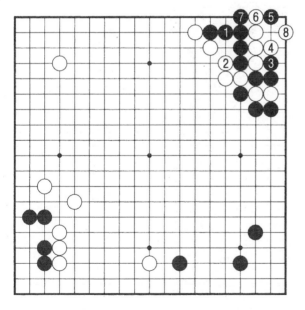

그림5(흑, 죽음)

그림4에 계속해서 흑이
❶로 잇는 것은 대 악수.
백은 ②로 약점을 보강한
후 이하 ⑧까지 처리해서
수상전을 승리로 이끌 수
있다.

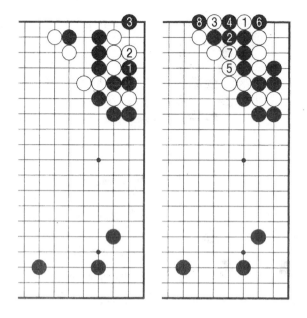

그림6 (흑의 변화)

흑은 앞 그림처럼 한 점을 잇지 않고 ❶로 미는 것이 수순이다. 계속해서 백이 ②로 막아 준다면 흑❸으로 치중해서 이 형태는 백이 안 된다.

그림7 (백의 최선)

백은 앞 그림처럼 두지 않고 단순히 ①로 젖히는 것이 좋은 수이다. 계속해서 흑❷로 잇고 이하 흑❽까지는 필연적인 수순인데…

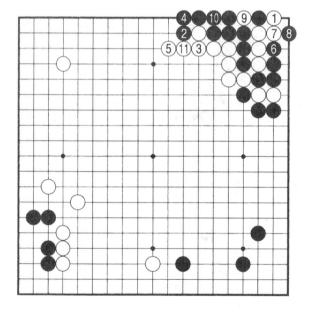

그림8 (백, 두터움)

앞 그림에 계속해서 백①로 막고 이하 백⑪까지 패가 되는 것이 쌍방 최선을 다한 진행이다. 이 결과는 한 수 늘어진 패의 형태이지만 전체적으로 백이 두터운 결말이다.

강렬한 맞끊음

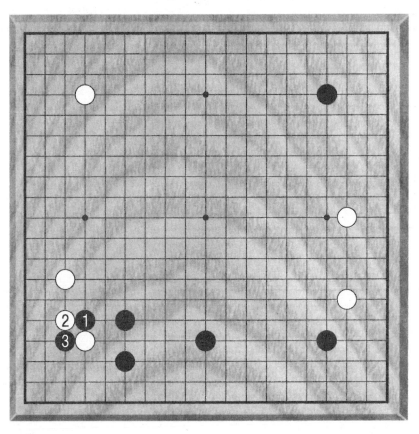

◐ 둘 차례

흑❶로 붙이고 ❸으로 끊는 수는 정석에 없는 함정수의 일종이다. 계속해서 백은 어떻게 응수하는 것이 최선일까?

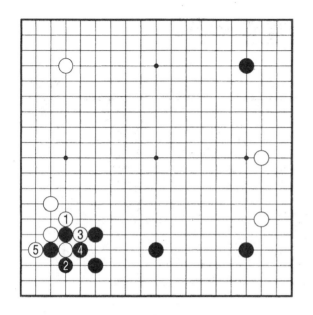

그림1(의문의 단수)

백①로 단수치는 수는 가장 쉽게 떠올릴 수 있는 수이지만 이 경우엔 의문이다. 흑은 한 점을 잇지 않고 ❷로 되단수치는 것이 호착이다. 이하 백⑤까지 진행된 후…

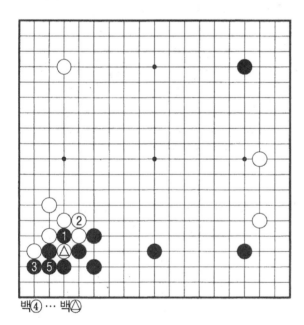

그림2(흑, 우세)

그림1에 계속해서 흑이 ❶로 패를 따낸 후 이하 흑❺까지 귀를 확실하게 정리하면 이 결과는 흑이 우세하다.

백④ … 백△

192

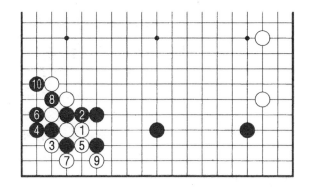

그림3(흑, 만족)

그림1의 수순 중 흑이 단수쳤을 때 백이 한 점을 따내지 않고 ①로 뻗는 변화이다. 이때는 흑❷로 이은 후 이하 ❿까지 처리해서 이 역시 흑이 우세하다.

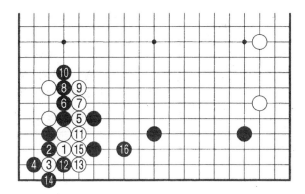

그림4(백, 불리)

이번엔 백①로 뻗는 변화이다. 이때는 흑도 ❷로 막는 것이 좋은 수로 백 ③ 이하로 변화한다면 이하 흑⓰까지 공격해서 백이 불리한 모습이다.

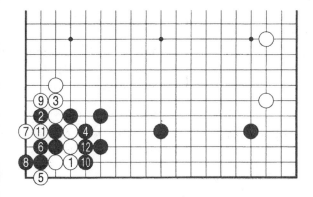

그림5(흑, 승리)

백이 앞의 그림처럼 두지 않고 ①로 이어서 변화한다면 흑으로선 ❷로 단수친 후 ❹에 두어 수상전의 형태를 유도하는 것이 좋은 수이다. 이하 흑⓬까지 수상전은 흑승이다.

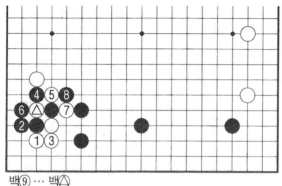

백⑨ … 백△

그림6(백의 최선)

장면의 그림으로 돌아가서 백은 ①로 단수치는 한 수이다. 계속해서 흑❷ · ❹에는 백⑤ · ⑦이 상용의 맥점으로 이하 백⑨까지 패를 따낸 후 만패불청해서 백이 우세하다.

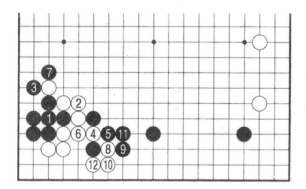

그림7(흑의 정수)

흑이 그림6처럼 패를 하지 못하고 ❶로 잇는 정도이다. 계속해서 백②로 잇고 이하 흑⑪까지의 진행은 피차 둘 만한 갈림이다.

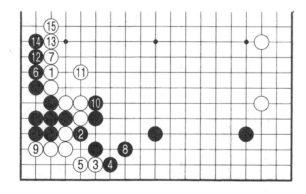

그림8(백의 변화)

백은 앞의 그림처럼 두지 않고 ①로 뻗어서 두는 수도 가능하다. 백①에는 흑❷로 끊고 이하 백⑮까지가 예상되는 진행인데 쌍방 호각의 갈림이다.

급소 일격

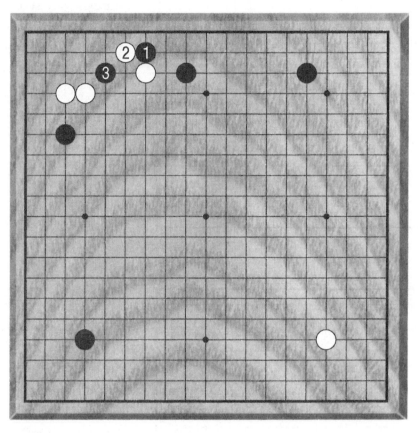

흑❶로 붙인 후 백② 때 흑❸으로 들여다본 수는 날카로운 수단으로 함정수의 일종이다. 그럼 이 수에 대한 대응법을 검토해 보기로 한다.

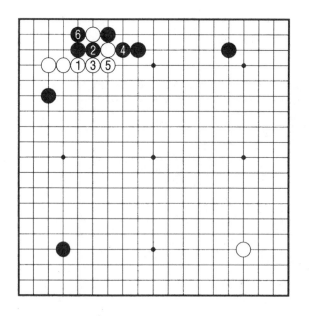

그림1(백, 걸려들다)

평범하게 백①로 막는 것은 흑❷로 끊겨 함정수에 걸려든 모습이다. 계속해서 백③으로 막을 수밖에 없을 때 흑❹·❻으로 단수쳐서 실리를 취하면서 형태를 정비하면 이 결과는 백이 불리하다.

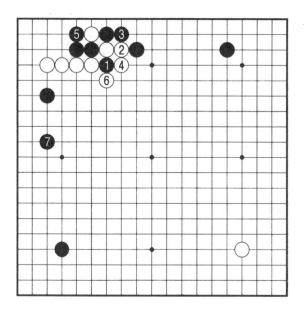

그림2(흑의 선택)

흑은 상황에 따라서 ❶로 단수치는 수도 가능하다. 이하 흑❼까지의 진행은 흑이 양쪽을 모두 처리한 모습이다.

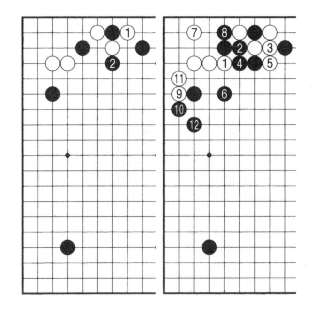

그림3(백의 최선)

백은 ①로 단수치는 것이 최선의 한 수이다. 흑도 ❷로 붙여 봉쇄의 형태를 취하는 것이 이 경우 행마법이다. 계속해서…

그림4(백, 불만)

그림3에 계속해서 백이 ①로 막는 것은 대 악수이다. 흑은 ❷로 끊은 후 백③ 때 ❹로 잇는 것이 좋은 수순으로 이하 ⓬까지 두터운 형태를 갖추어 충분한 결말이다.

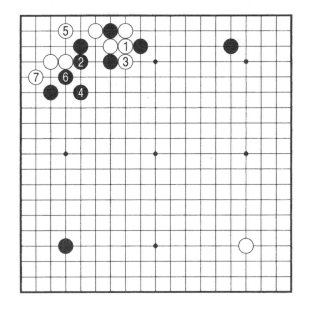

그림5(백의 정수)

백은 단순히 ①로 잇는 것이 정수이다. 계속해서 흑❷로 올라서고 이하 백⑦까지 쌍방 충분히 둘 만한 갈림이다.

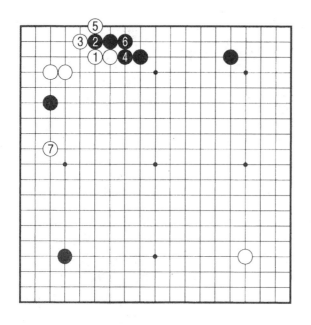

그림6(간명한 선택)

장면의 그림으로 돌아가서 흑이 2선으로 붙였을 때 백은 단순히 ①로 뻗는 것이 가장 간명한 선택이다. 이하 흑❻까지 선수한 후 백⑦로 공격하면 백은 충분한 모습이다.

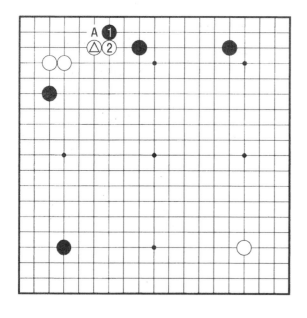

그림7(비교)

백이 △처럼 날일자로 지켰을 때 흑❶은 상용의 응수타진이다. 이때 백은 A로 받는 것보다는 ②로 밀어가는 것이 더욱 일반적인 응수로 알려져 있다.

움츠림의 비밀

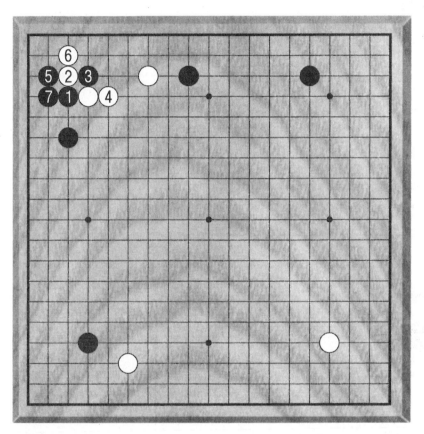

🌑 둘 차례

좌상귀에서 눈목자 정석이 진행 중이다. 흑❸으로 끊었을 때 백④로
뻗은 것은 가장 간명한 응수법. 계속해서 흑❺로 단수치고 백⑥으로
뻗었을 때 흑❼로 이은 수가 주문을 내포한 함정수의 일종이다. 그럼
이후의 변화를 검토해 보기로 한다.

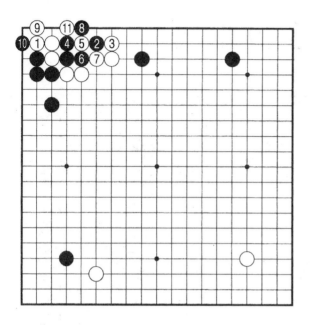

그림1(강력한 노림)

백이 무심코 백①로 막는 것은 대 악수이다. 흑에 겐 ❷로 날일자하는 수가 준비되어 있다. 백③으로 막는다면 이하 백⑪까지 패를 피할 수 없다.

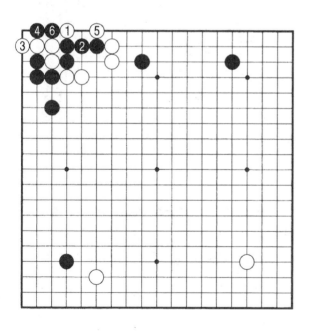

그림2(백, 죽음)

그림1의 수순 중 백이 ① 로 젖혀 변화한다면 흑에 겐 ❷로 잇는 수가 성립 한다. 이하 흑❻까지 백 이 잡힌 모습.

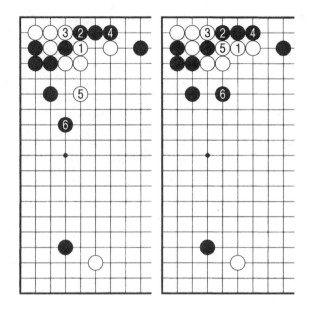

그림3(백, 미생마)

흑이 날일자했을 때 백①
로 단수친다면 흑❷를 선
수한 후 ❹로 넘는 것이
좋은 수이다. 이하 흑❻
까지 백은 미생마 신세이
다.

그림4(백, 최악)

백①로 응수하는 것은 최
악의 선택이다. 이하 흑
❻까지 앞의 그림보다도
백은 더욱 나쁜 결과를
초래하고 만다.

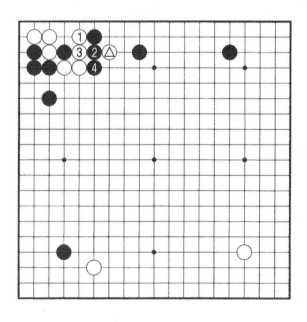

그림5(백, 손해)

백①로 장문 씌우면 삶에
는 지장 없다. 그러나 이
하 흑❹까지 백△ 한 점
이 무력화되어서는 백의
비세가 확연하다.

201

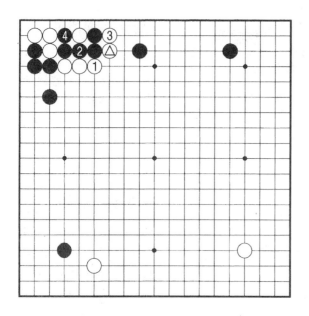

그림6(백, 무리)

백이 그림5의 진행을 따르지 않고 곧장 ①로 막아 백△ 한 점을 살리려고 하는 것은 무리한 발상이다. 흑❹까지의 진행이면 귀의 백이 잡힌 모습이다.

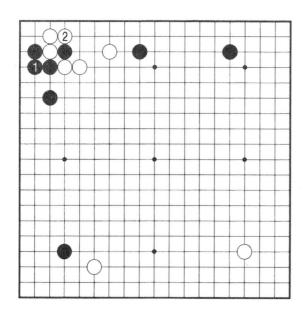

그림7(백의 정수)

흑❶로 이었을 때 그림1의 백①로는 백②로 단수치는 한 수이다. 이렇게 튼튼하게 흑을 제압해 두면 더 이상 활용의 여지가 없다.

시기 상조의 이단젖힘

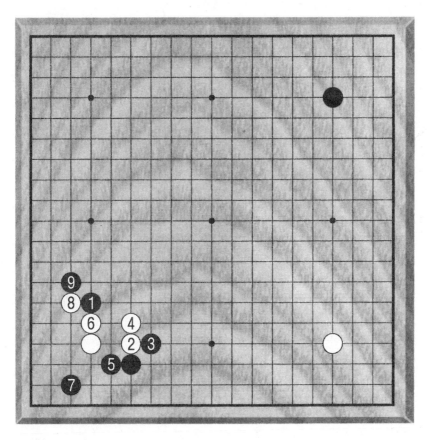

◕ 둘 차례

좌하귀에서 화점 정석이 진행 중이다. 흑❶의 높은 양걸침에 백이 ②
로 붙여 파생된 형태인데, 백⑧까지 진행되었을 때 흑❾로 되젖힌 수
가 함정수의 일종이다. 이 수에 대한 변화를 검토해 본다.

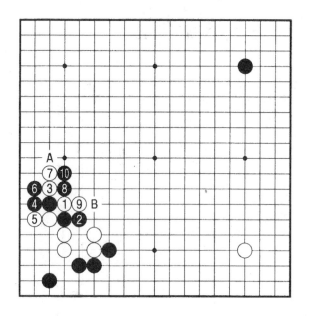

그림1(백, 곤란)

백은 일단 ①로 단수치는 한 수인데, 흑❷ 때 재차 백③으로 단수친 수가 악수이다. 이하 흑❿까지의 진행이면 A와 B가 맞보기로 되어 백이 곤란한 모습이다.

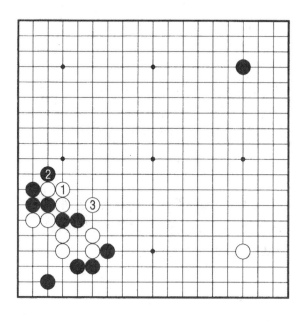

그림2(위기 모면)

백은 앞 그림처럼 두지 않고 ①로 잇는 것이 그나마 최선이다. 계속해서 흑❷로 젖히고 백③으로 장문을 씌워 일단락이다.

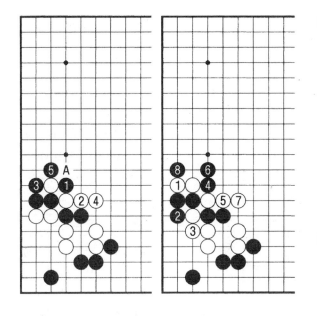

그림3(흑의 수순)

흑으로선 그림2가 마음에
들지 않는다면 먼저 ❶로
끊는 수가 있다. 이하
흑❺까지의 진행이면 흑
이 두터운 모습. 수순 중
백④로 ❺에 느는 것은
흑A로 밀어 백이 안 된
다.

그림4(흑, 만족)

이번엔 백①로 막는 변화
이다. 이때는 흑❷·❹를
선수한 후 ❻으로 뻗는
것이 좋은 수순이다. 흑
❽까지의 결과는 흑 만
족.

그림5(백, 중복)

백이 단수를 보류하고 ①
로 두는 변화이다. 이때
는 흑❷·❹를 선수한 후
❻으로 벌리는 것이 좋은
수순으로 백은 중복의 형
태이다.

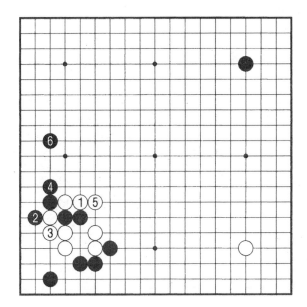

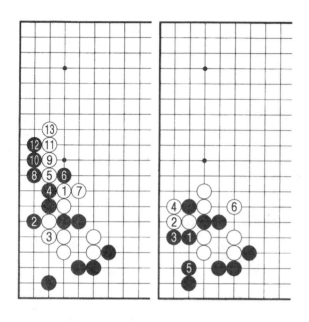

그림6 (백의 정수)

백은 ①로 뻗어서 흑의 응수를 묻는 것이 정수이다. 계속해서 흑❷로 단수친 후 이하 ⓬까지 안정에 연연한다면 백⑬까지 두터움을 확립해서 백이 매우 유리하다.

그림7 (백, 충분)

흑이 ❶로 단수친 후 ❸으로 막는 변화이다. 계속해서 백④로 단수치고 흑❺·백⑥까지 일단락인데, 이 결과는 백이 두터운 모습이다.

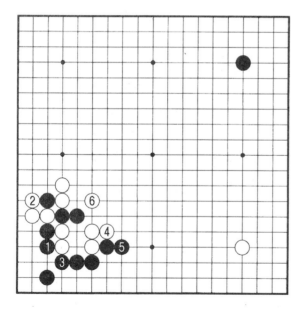

그림8 (흑의 변화)

흑이 그림7의 진행을 따르지 않고 ❶·❸으로 연결하는 변화이다. 백은 ②로 단수친 후 ④로 미는 것이 긴요한 선수활용이다. 흑❺ 때 백⑥으로 두면 앞의 그림과 대동소이한 결말이다.

세력을 추구

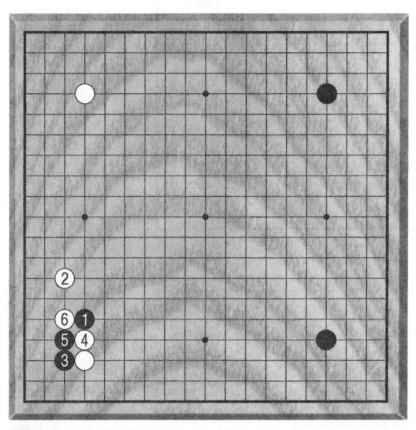

● 둘 차례

흑❶로 걸치고 백②, 흑❸까지는 실전에서 흔히 등장하는 소목 정석
의 기본 수순 중 하나이다. 흑❸ 때 백④·⑥이 다소 과격한 수단으
로 주문을 내포한 수이다. 백⑥ 이후 최선의 수순을 연구해 본다.

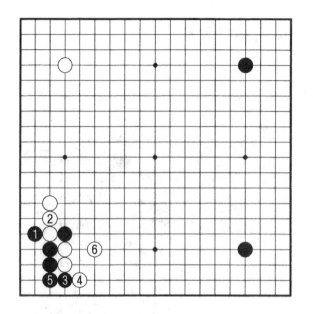

그림1(백, 두터움)

흑❶로 단수친 후 ❸·❺로 젖혀 이으면 선수를 취할 수 있다. 그러나 이하 백⑥까지 백의 두터움이 월등하다.

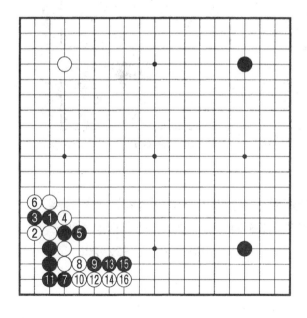

그림2(백, 충분)

흑❶로 단수친 후 ❸으로 막는 변화이다. 이때는 백④·⑥으로 단수쳐서 흑 두 점을 잡는 것이 좋은 수순. 흑❼에는 백⑧로 뻗은 후 이하 ⑯까지 처리해서 귀를 차지할 수 있다.

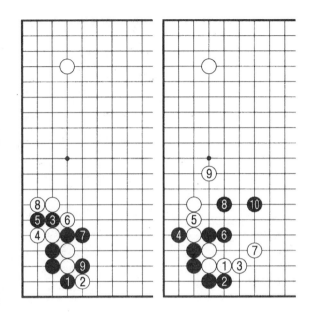

그림3(흑의 정수)

흑은 단순히 ❶로 젖혀서 백의 응수를 묻는 것이 좋은 수이다. 이때 백②로 막는다면 흑❸으로 단수친 후 이하 ❾까지 처리해서 흑의 대성공이다.

그림4(흑, 충분)

백이 그림3처럼 두지 않고 ①로 변화한다면 이하 흑❿까지 전투적인 자세를 갖추어서 충분하다.

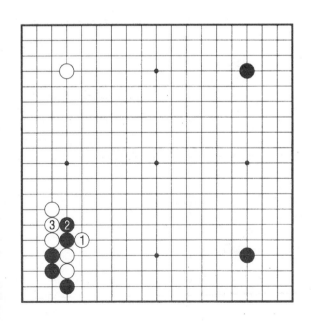

그림5(백의 정수)

흑이 두점머리를 두드리면 백은 ①로 단수친 후 ③으로 잇는 것이 올바른 수순이다. 계속해서…

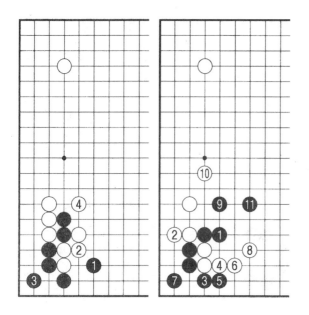

그림6(호각)

그림6(호각)

앞 그림에 계속해서 흑은
❶로 날일자해서 선수하
게 되는데, 흑❸, 백④까
지 일단락이다. 이 형태
는 쌍방 둘 만하다.

그림7(간명책)

흑은 간명하게 ❶로 뻗는
수도 가능하다. 계속해서
백②로 내려선다면 이하
흑⓫까지 처리해서 그림4
와 대동소이한 결과이다.

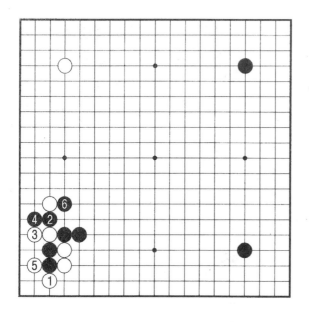

그림8(충분한 갈림)

백은 ①로 젖히는 것이
보편적인 응수법이다. 계
속해서 흑❷로 단수치고
이하 흑❻까지가 예상되
는 진행인데, 쌍방 충분
한 갈림이다.

형태 정비 방법

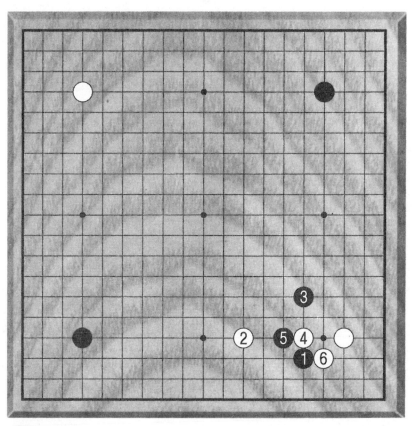

● 둘 차례

흑❶로 걸쳤을 때 백②로 협공하고 흑❸으로 두 칸 뛰는 것까지는 평범한 수순이다. 그런데 백④로 붙인 후 ⑥으로 막은 수가 함정수의 일종. 계속해서 흑은 어떻게 응수하는 것이 최선일까?

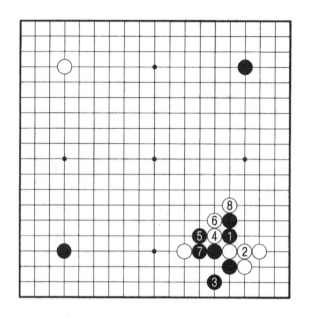

그림1(흑, 불만)

흑❶로 단수친 것은 절대
의 한 수. 그런데 백② 때
흑❸이 의문수로 이하 백
⑧까지의 결과는 흑이 불
리하다.

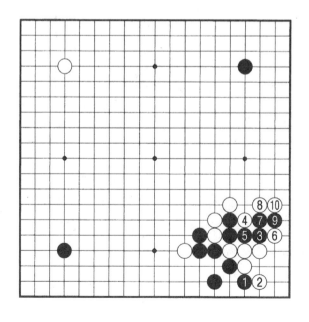

그림2(흑, 죽음)

그림1에 이어서 흑이 ❶
로 젖힌 후 ❸으로 붙여
움직이는 수는 성립하지
않는다. 백⑩까지의 진행
이면 흑이 빈축으로 잡힌
모습.

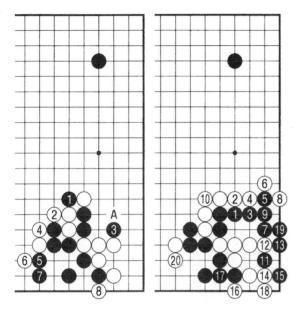

그림3(흑, 괴롭다)

흑❶로 단수친 후 ❸으로
붙이면 그림2와 같은 최
악의 결과는 피할 수 있
다. 그러나 이하 백⑧까
지의 진행이면 여전히 흑
이 괴로운 모습. 흑은 A
의 약점도 부담이다.

그림4(백, 우세)

흑이 단수를 보류하고 ❶
로 움직이는 수도 고려할
수 있다. 그러나 흑은 이
하 ⑲까지 후수 빅이 고
작이다. 백⑳이 공격의
급소가 되어서는 흑이 괴
로운 모습.

그림5(실속 없다)

이번엔 흑❶로 치받은 후
❸으로 한 칸 뛰는 변화
이다. 이때는 백④로 내
려서는 수가 급소로
흑❺, 백⑥까지의 진행은
흑이 실속 없는 모습이
다.

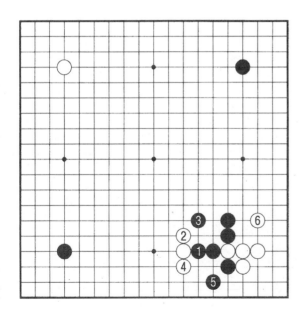

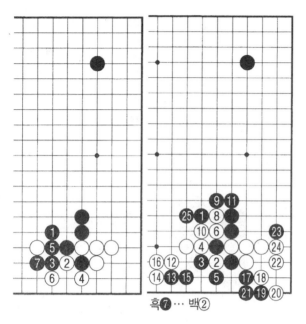

흑❼ … 백②

그림6(백, 약간 유리)

단순히 흑❶로 호구쳐서 둔다면 백②로 단수쳐서 흑 한 점을 잡는 것이 좋은 수이다. 이하 흑❼까지의 결과는 백이 약간 유리하다.

그림7(흑의 정수)

흑은 ❶로 한 칸 뛰어 형태를 정비하는 것이 정수이다. 계속해서 백②에는 흑❸으로 단수친 후 이하 흑㉕까지 처리해서 두터움을 구축할 수 있다.

그림8(백의 정수)

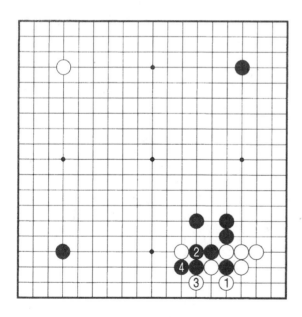

백은 앞 그림처럼 두는 것보다는 단순히 ①로 따내는 것이 정수이다. 흑❹까지 세력 대 실리의 갈림이 되는데, 흑으로선 그림6과 비교할 때 약간 유리한 모습이다.

5선의 씌움

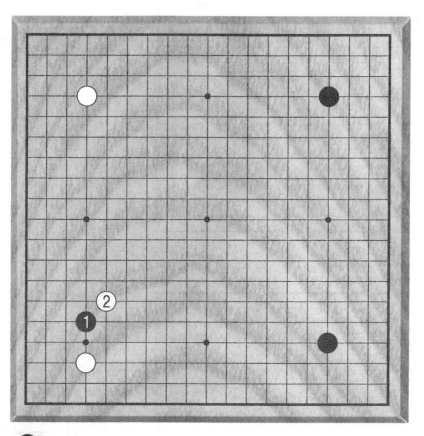

⬤ 둘 차례

흑❶로 걸쳤을 때 백②로 씌운 것은 흑 한 점을 강하게 공격하겠다는 뜻이지만 사실은 무리수이다. 흑은 적절히 백의 실수를 추궁하고 싶은데, 어떻게 두는 것이 최선일까?

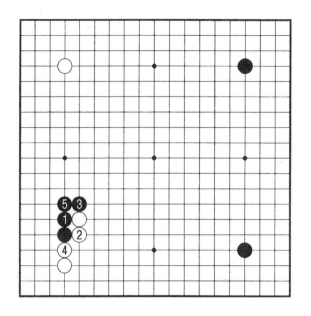

그림1(흑, 기세 부족)

흑❶은 간명을 기한 것이
지만 이 경우 기세가 부
족하다. 이하 흑❺까지
진행된다면 흑백 불만 없
는 모습이다.

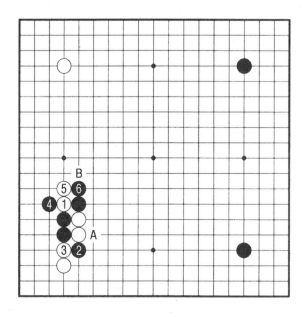

그림2(백의 강수)

백은 그림1처럼 온건하게
두지 않고 ①로 끊는 강
수도 성립한다. 이하 흑
❻까지 진행된 후 A의
축이 백에게 불리해도 백
은 B에 젖혀 충분히 둘
수 있다.

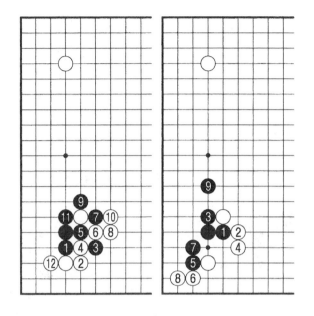

그림3(백, 우세)

장면도로 돌아가서 이번 엔 흑❶로 치받는 변화이 다. 흑❶에는 백②로 뻗 는 것이 좋은 수로 이하 흑⓫까지의 진행은 백이 우세하다.

그림4(흑의 정수)

흑은 ❶로 미는 한 수이 다. 그러나 백② 때 흑❸ 이 기세가 부족한 수이 다. 이하 흑❾까지의 진 행이라면 쌍방 호각의 갈 림이다.

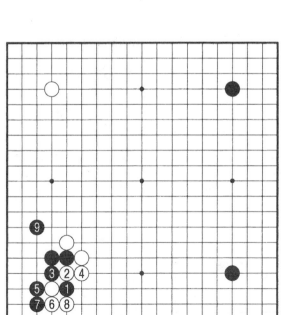

그림5(흑, 불충분)

흑이 그림4처럼 두지 않 고 ❶로 붙이는 변화이 다. 흑❶에는 백②로 끊 는 것이 강수로 흑❾까지 의 결과는 백이 약간 유 리하다.

217

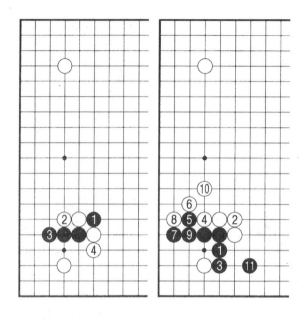

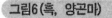

그림6(흑, 양곤마)

흑❶로 끊는 수 역시 좋은 결과를 기대하기 힘들다. 백이 ②로 막은 후 ④로 내려서면 흑은 양곤마의 형태가 된다.

그림7(흑의 최선)

흑은 ❶처럼 빈삼각으로 두는 것이 최선이자 최강의 한 수이다. 계속해서 백②로 잇는다면 흑❸ 이하 ⓫까지 실리를 차지해서 흑이 유리하다.

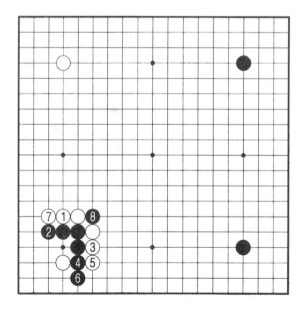

그림8(백의 무리수)

백이 앞의 그림처럼 단점을 보강하지 않고 ①로 막는 것은 무리수이다. 흑❷로 내려선 후 이하 흑❽까지 강력하게 끊으면 백이 불리한 싸움이다.

어깨짚음 이후

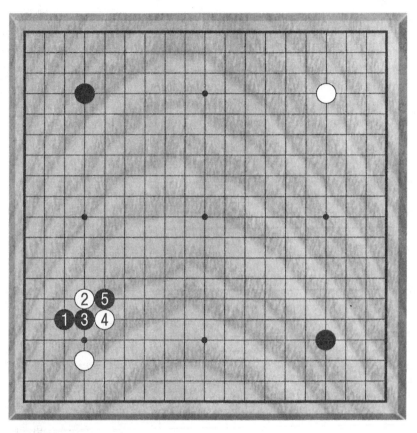

◯ 둘 차례

흑❶로 걸쳤을 때 백②로 씌운 것은 노골적인 중앙 지향의 작전이다. 계속해서 흑❸·❺로 끊은 것은 기세상 당연한데, 이후의 변화를 검토해 보기로 한다.

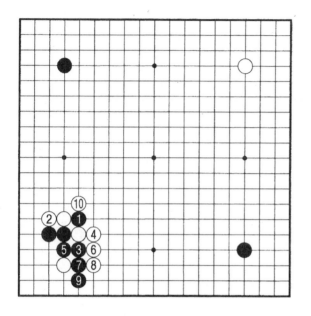

그림1(백, 두터움)

흑❶ 때 백②로 막는 변화이다. 계속해서 흑이 ❸으로 단수치고 이하 ❾까지 실리에 연연하는 것은 좋지 않다. 백⑩으로 단수치면 백이 두텁다.

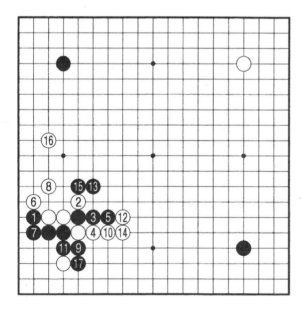

그림2(흑, 우세)

흑❶로 두점머리를 두드리는 변화이다. 계속해서 백은 ②로 단수치고 ④로 공격하는 것이 좋은 수순인데, ⑥으로 막은 수가 악수. 흑⓱까지의 결과는 흑이 우세하다.

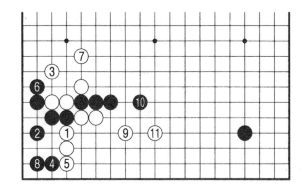

그림3(백의 정수)

백은 ①로 치받는 것이 정수이다. 계속해서 흑❷로 호구치고 이하 백⑪까지의 결과는 쌍방 호각의 갈림이다.

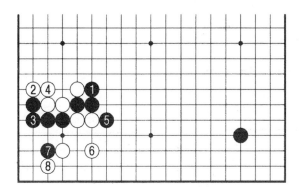

그림4(흑의 변화)

그림2의 흑❺로는 흑❶로 꼬부려 둘 수도 있다. 계속해서 백②로 젖히고, 이하 ⑧까지 흑이 괴로운 것 같지만…

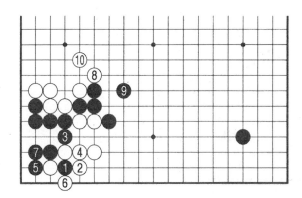

그림5(맥점)

그림4에 계속해서 흑에겐 ❶로 끊는 맥점이 준비되어 있다. 백②로 잡을 수밖에 없을 때 이하 ⑨까지 처리하면 호각의 갈림이 된다.

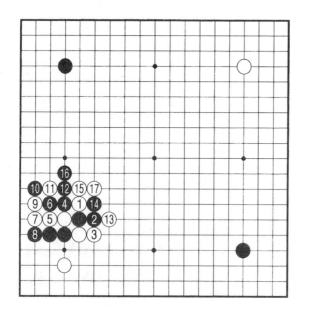

그림6 (백의 변화)

백이 그림1처럼 변을 막지 않고 ①로 단수친 후 ③으로 두는 변화도 가능하다. 계속해서 흑❹로 끊는 것은 무리수로 백⑰까지 흑이 망한 결과이다.

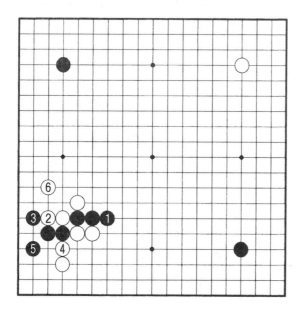

그림7 (흑의 정수)

그림6의 수순 중 흑은 ❶로 뻗는 것이 정수이다. 계속해서 백②로 막고 이하 백⑥까지 그림3으로 환원된 모습이다.

중앙전을 유도

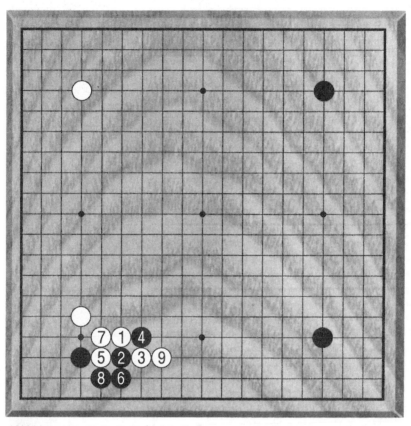

● 둘 차례

좌하귀에서 고목 정석이 진행 중이다. 백①로 날일자했을 때 흑❷로 붙인 것은 상용의 행마법. 그런데 백③으로 젖힌 수는 축이 불리한 만큼 잘 두지 않는 수이다. 흑은 기세상 ❹로 끊는 한 수인데, 이하 백⑨까지 진행된 이후의 변화를 검토해 본다.

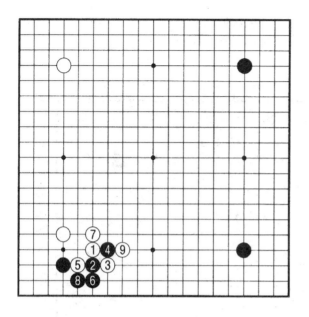

그림1(백, 두터움)

백①, 흑❷ 때 축이 유리하다면 당연히 ③으로 젖힐 것이다. 계속해서 흑❹로 끊는다면 백⑤로 단수친 후 ⑦로 뻗는 것이 좋은 수순으로 백⑨까지 백이 두터운 정석이다.

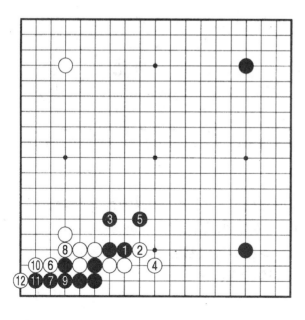

그림2(흑, 불만)

그림1의 축이 불리한 백이 장면도처럼 변화한 것이다. 장면도 이후 흑이 ❶ 이하로 움직이는 것은 좋지 않다. 이하 백⑫까지 귀가 미생이어서는 흑이 불리하다.

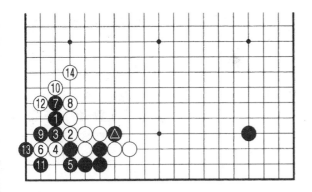

그림3(흑의 정수)

흑은 ❶로 붙여 응수를 묻는 것이 좋은 수이다. 계속해서 백이 ②·④로 단수친 후 이하 ⑭까지 외곽을 정비해도 흑은 ▲ 한 점을 움직이는 뒷맛이 남아 유리하다.

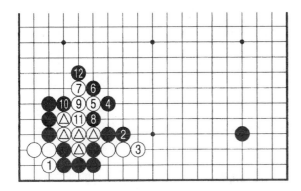

그림4(백, 전멸)

백이 그림3의 수순을 따르지 않고 ①로 막아 변화하는 것은 대 악수이다. 흑은 ❷를 선수한 후 ❹로 한 칸 뛰는 것이 호착으로 백▲ 다섯 점을 장문으로 잡을 수 있다.

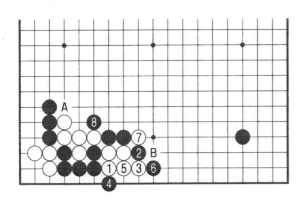

그림5(절묘한 수순)

백이 그림4의 진행을 꺼려 백①로 막는다면 흑 ❷·❹를 선수한 후 ❻으로 이단젖히는 맥점이 준비되어 있다. 백⑦ 때 흑 ❽이 호착으로 A와 B가 맞보기가 되어 백이 곤란하다.

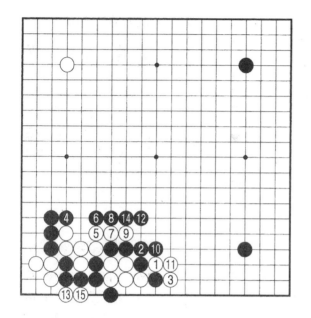

그림6(막강한 세력)

앞 그림의 수순 중 백이
①·③으로 단수치면 실
리를 차지할 수 있다. 그
러나 흑이 ❹·❻ 이하 ⓮
까지 선수로 막강한 세력
을 구축하면 백이 망한
모습이다.

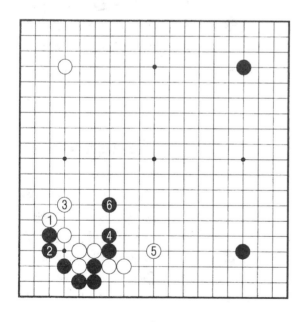

그림7(백의 정수)

흑이 붙이면 백은 ①로
젖히는 한 수이다. 계속
해서 흑❷로 뻗고 이하
흑❻까지가 예상되는 진
행인데, 쌍방 충분히 둘
수 있는 갈림이다.

한 칸의 이유

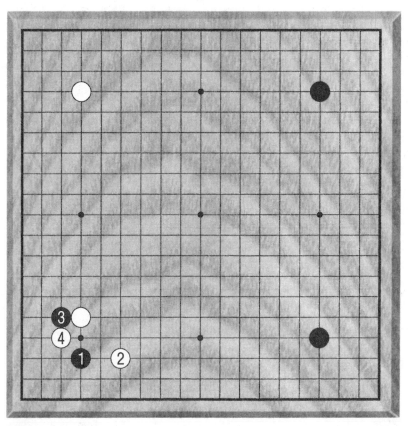

● 둘 차례

흑❶로 걸쳤을 때 백②의 한 칸 협공은 가장 강력한 수이다. 계속해서 흑❸은 간명하게 안정하겠다는 뜻인데 이 경우 의문수. 백에겐 ④로 젖히는 강수가 준비되어 있다. 그럼 이후의 변화를 살펴본다.

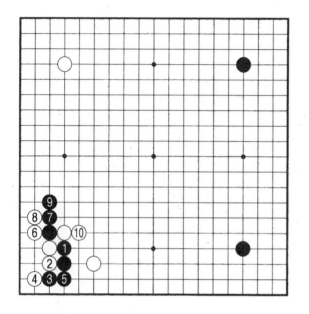

그림1(흑, 망함)

장면도에 계속해서 흑은
❶로 끊는 한 수이다. 계
속해서 백은 ②로 막는
것이 좋은 수로 백⑩까지
의 진행이라면 흑이 망한
모습이다.

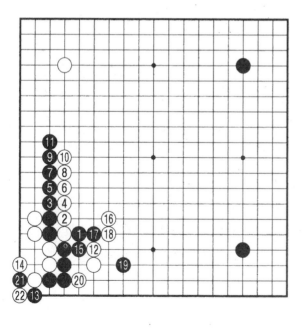

그림2(흑의 변화)

그림1의 흑❾로 본 그림
흑❶로 단수치는 변화이
다. 계속해서 백②로 뻗
고 이하 흑⓫까지 진행되
었을 때 백⑫가 강수이
며, 흑⓭ 때 백⑭가 또한
호착이다. 흑은 ㉑까지
패를 하는 정도인데…

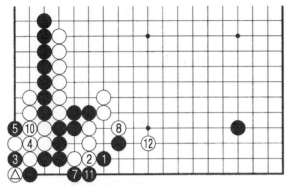

백⑥ … 백△   흑❾ … 흑❸

그림3(백, 두터움)

그림2에 계속해서 흑은
❶로 팻감을 쓰고 ❸으로
패를 따내는 정도이다.
그러나 이하 백⑫까지의
결과는 흑이 귀를 차지해
도 외곽의 백이 두터워
백이 유리하다.

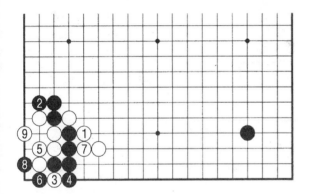

그림4(백의 강수)

백은 그림1처럼 두지 않
고 곧장 ①로 젖혀 싸우는
강수도 가능하다. 흑❷라
면 백③·⑤가 좋은 수순
으로 귀의 흑이 잡힌다.

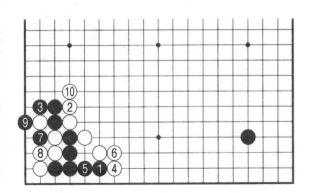

그림5(흑의 변화)

그림4는 흑이 망한 형태
이므로 ❶로 붙여 변화할
곳이다. 그러나 흑❶에는
백②가 좋은 수로, 이하
백⑩까지의 결과는 백이
두텁다.

229

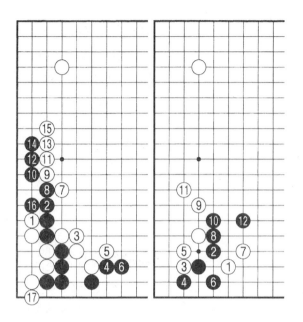

그림6(백의 선택)

흑이 2선에 붙였을 때 백은 실리를 중시해서 ①로 민 후 ③으로 잇는 수도 가능하다. 흑❻ 때 백⑦이 맥점으로 이하 ⑰까지의 결과는 백이 두텁다.

그림7(흑의 정수)

장면도로 돌아가서 백①때 흑은 ❷로 진출하는 것이 가장 간명하면서도 최선의 선택이다. 이하 흑⓬까지 쌍방 호각의 갈림이다.

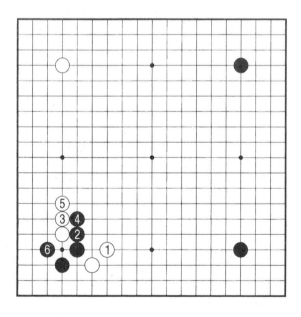

그림8(흑, 우세)

백이 그림7의 결과가 마음에 들지 않는다고 해서 ①로 마늘모하는 것은 좋지 않다. 흑은 ❷·❹를 선수한 후 ❻으로 입구자 하는 것이 좋은 수순으로 유리한 결과를 이끌어낼 수 있다.

상식을 탈피

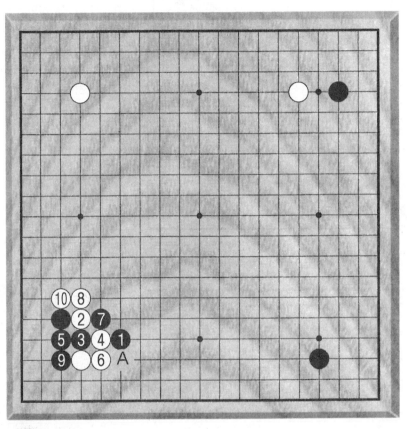

● 둘 차례

좌하귀에서 가장 난해하다고 하는 대사 정석이 진행되고 있다. 흑❶
로 씌우고 흑❾까지의 수순은 실전에서 흔히 등장하는 진행. 그런데
백이 A로 두지 않고 ⑩으로 막은 수는 함정수의 의미가 짙다. 이후의
변화를 검토해 보기로 한다.

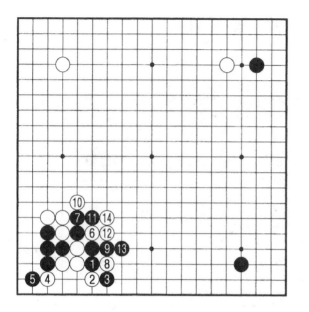

그림1(흑, 망함)

흑❶로 막는 것은 얼핏 기세처럼 보이지만 이 경우엔 좋지 않다. 백⑧ 때 흑❾가 돌이킬 수 없는 악수로 백⑭까지 흑이 망한 모습이다.

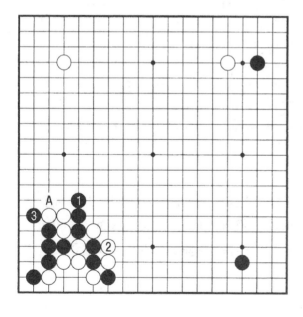

그림2(흑, 불만)

흑은 ❶로 뻗는 것이 그나마 최선이다. 백②로 따냈을 때 흑❸으로 젖히면 백 석 점을 잡을 수 있는 모습. 그러나 백이 가로 움직이는 뒷맛이 남아서는 흑이 불만이다.

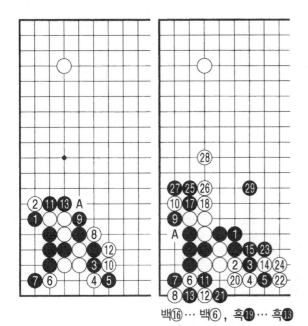

백⑯…백⑥, 흑⑲…흑⑬

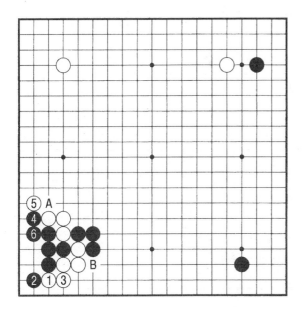

그림3(흑의 정수)

흑은 ❶로 젖히는 것이 좋은 수이다. 계속해서 백②에는 이하 흑⑪까지 처리해서 백이 망한 모습. 수순 중 백⑫로 ⑬에 두는 것은 흑이 A를 선수한 후 ⑫로 움직이는 수가 성립한다.

그림4(흑의 선택)

흑은 단순히 ❶로 잇는 수도 가능하다. 계속해서 백②라면 흑❸·❺ 이하로 공격해서 흑이 유리하다. 수순 중 백㉖으로 A라면 흑㉖으로 밀어 전체가 공격받는다.

그림5(백의 변화)

백이 그림4처럼 두지 않고 ①·③으로 젖혀 잇는다면 흑도 ❹·❻으로 젖혀 잇는 것이 좋은 수순이다. 이후 흑은 A와 B를 맞보기로 하고 있다.

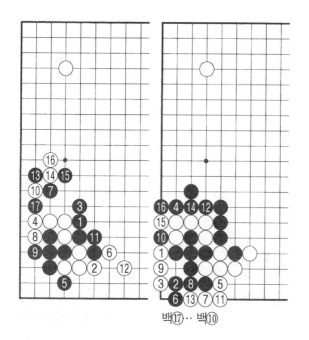

백⑰‥백⑩

그림6(백, 망함)

흑은 ❶로 미는 수도 가
능하다. 계속해서 백②라
면 흑❸이 힘찬 수로 이
하 흑⓱까지의 결과는 백
이 망한 모습이다.

그림7(흑, 우세)

백이 그림6의 진행을 꺼
려 ①로 젖힌다면 흑❷
이하 백⑰까지 선수 빅이
만들 수 있다. 이 결과는
흑이 두텁다.

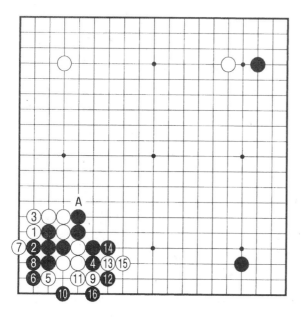

그림8(백, 죽음)

그림6의 수순 중 백이
①·③으로 젖혀 변화한
다면 이하 백⑨까지 진행
되었을 때 흑❿으로 치중
하는 묘수가 준비되어 있
다. 수순 중 백①로 A에
둔다면 흑⓭이 호착이 되
어 흑이 우세하다.

234

고압 전술

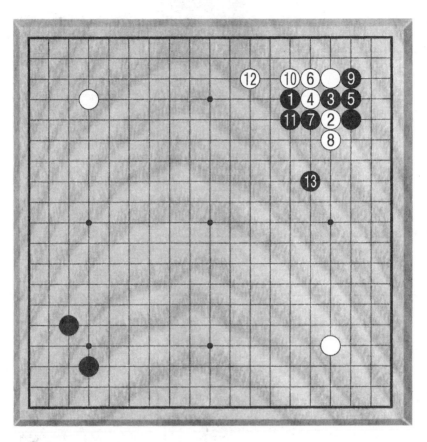

⬤ 둘 차례

우상귀에서 대사 정석이 진행 중이다. 흑❶로 씌우고 백② 이하 ⑫까지는 평범한 진행인데, 흑⓭으로 둔 수가 함정수의 일종이다. 흑⓭으로 씌우면 백은 축과 깊은 연관 관계 속에서 응수를 해야 하는데, 이 경우 어떻게 처리하는 것이 최선인지 살펴보기로 한다.

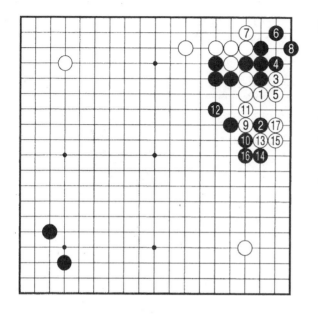

그림1(호각)

백은 일단 ①로 막는 한 수이다. 계속해서 흑❷로 한 칸 뛴 것은 최강의 응수이며, 이하 흑❽까지 진행되었을 때 백⑨로 끼운 수가 묘수이다. 백⑰까지의 진행은 호각의 갈림이다.

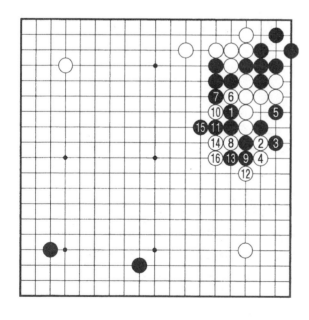

그림2(축이 관건)

그림1의 흑⓬로는 만일 축이 지금처럼 유리하다면 흑❶로 막는 강수가 성립한다. 계속해서 백②로 끊는다면 이하 백⑯까지 진행된 후 움직이는 수가 성립하므로 백이 안된다.

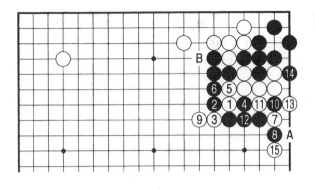

그림3(백의 변화)

축이 백에게 불리하다면 그림1의 백⑨로는 백①, ③처럼 두는 것이 최선이다. 이하 백⑮까지의 진행이라면 백이 우세하다. 수순 중 흑⓮로 A에 두는 것은 백이 B로 젖혀 흑이 죽는다.

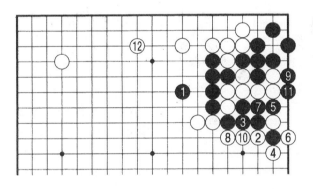

그림4(흑의 최선)

그림3의 흑⑩으로는 흑❶로 뛰어나가는 것이 정수이다. 계속해서 백②로 끊고 이하 백⑫까지가 쌍방 최선을 다한 수순이다. 그러나 이 결과는 양쪽을 둔 백이 유리하다.

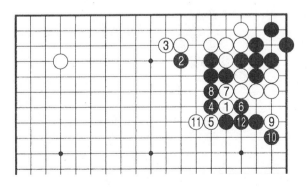

그림5(백, 망함)

백① 때 흑❷로 붙이면 백은 응수에 신중을 기해야 한다. 무심코 백③으로 받는 것은 이하 흑⓬까지 진행되어 백이 망한다.

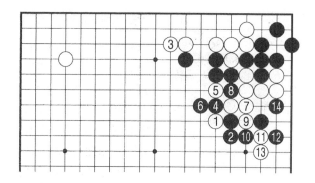

그림6(백, 죽음)

그림5의 백③으로는 백①
로 젖혀서 응수할 곳이
다. 그러나 흑❷ 때 백③
이 또한 악수. 이하 흑⓮
까지 진행되면 이 역시
백이 죽는다.

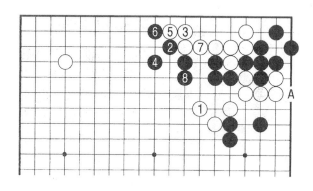

그림7(백의 최선)

백은 위쪽을 응수하지 않
고 ①로 호구쳐서 두는
것이 정수이다. 계속해서
흑❷로 젖힌다면 이하 흑
❽까지 처리해서 백이 우
세하다. 백은 A의 곳이
선수가 되는 만큼 우변
흑 석 점을 공격하기가
수월하다.

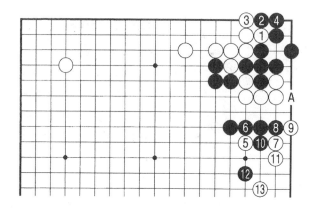

그림8(백의 간명책)

그림1의 백⑨로는 간명하
게 백①·③으로 두는 수
도 가능하다. 이하 백⓭
까지 A의 곳이 사활관계
상 선수가 되는 만큼 백
으로선 충분히 둘 수 있
는 형태이다.

유력한 코붙임

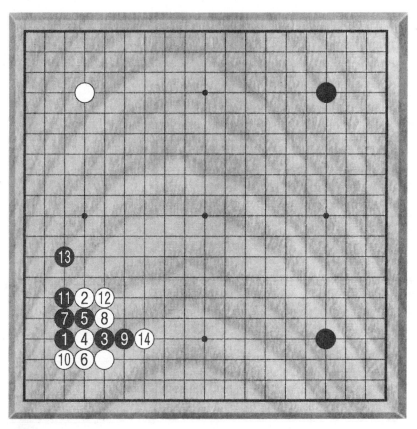

● 둘 차례

좌하귀에서 대사 정석이 진행 중이다. 백⑫로 잇고 흑⓭으로 진출하는 수까지는 정석적인 진행인데, 백⑭로 붙인 수가 함정수이다. 백⑭로 붙인 이후 어떤 변화가 이루어지는지 살펴보기로 한다.

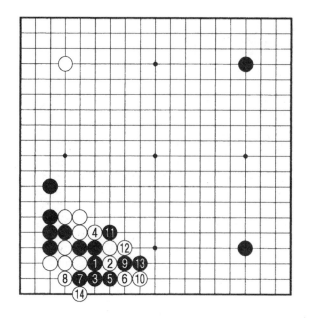

그림1(흑, 망함)

얼핏 기세상 흑❶로 뚫는 한 수처럼 보인다. 백②도 당연하게 보이지만 실상은 악수. 그러나 이하 백⑭까지의 진행이라면 흑이 망한 형태이다.

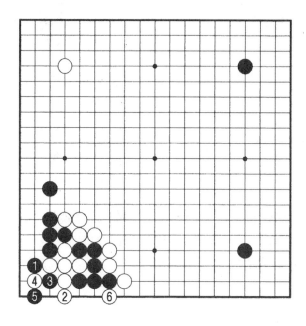

그림2(흑의 변화)

그림1의 흑❾로 두지 않고 흑❶로 젖혀 수상전을 시도하는 변화이다. 백②에는 흑❸이 호착. 그러나 백④, 흑❺를 교환한 후 백⑥으로 젖히는 수순이 좋아서는 흑이 안 된다.

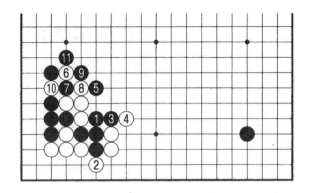

그림3(만패불청)

그림1의 흑❸으로는 흑❶로 두는 것이 좋다. 계속해서 백②로 연결한다면 흑❸, 백④를 선수한 후 흑❺에 씌우는 수가 성립한다. 흑⓫까지 패가 되는데, 흑으로선 만패불청하게 된다.

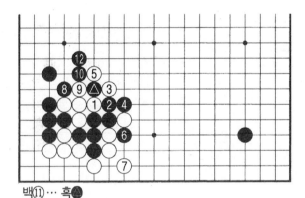

백⑪… 흑▲

그림4(흑, 충분)

백이 그림3처럼 두지 않고 ①·③으로 움직이는 변화이다. 그러나 흑❹ 이하 ⓬까지의 진행이면 흑이 유리한 싸움이다.

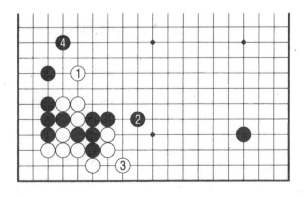

그림5(흑, 우세)

그림3의 백④로 두지 않고 ①로 한 칸 뛰는 변화이다. 이때는 흑도 ❷로 한 칸 뛰는 것이 좋은 수로 백③, 흑❹까지 흑이 우세하다.

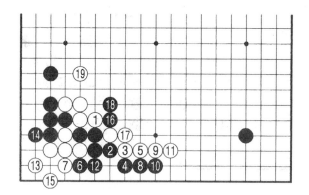

그림6 (백, 두텁다)

결국 그림1의 백②로 막아서는 어떻게 두어도 백이 좋지 않다는 결론이다. 백은 ①로 막는 것이 정수이다. 이하 백⑲까지의 진행은 백이 두터운 모습이다.

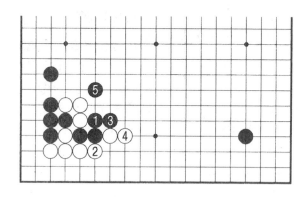

그림7 (쌍방 최선)

흑도 그림1의 흑❶로는 본 그림 ❶로 두는 것이 정수이다. 계속해서 백②로 연결하고 이하 흑❺까지 쌍방 호각의 갈림이다.

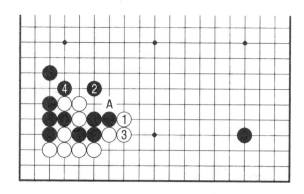

그림8 (백, 불만)

백이 앞의 그림처럼 처리하지 않고 ①로 젖히는 것은 좋지 않다. 이하 흑❹까지의 결과는 뒷맛관계상 흑이 유리하다. 수순 중 흑❷로 ③에 단수치는 것은 백A의 회돌이를 당해 흑이 좋지 않다.

불가피한 접전

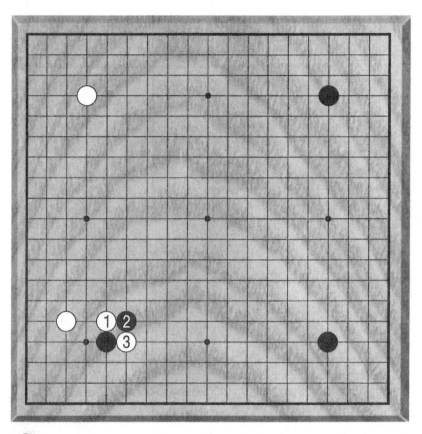

● 둘 차례

백①로 붙인 수는 귀의 실리보다는 좌변을 중시하고자 할 때 종종 쓰이는 수단이다. 그러나 흑❷로 젖혔을 때 백③으로 끊은 것이 다소 과격한 수법이다. 흑으로선 이후의 응수에 신중을 기해야 하는데, 자세한 변화를 살펴보기로 한다.

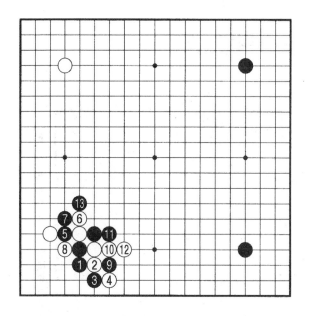

그림1(백, 망함)

흑은 형태학상 **❶**로 뻗은 한 수이다. 계속해서 백 ②로 막고 흑**❸**으로 젖혔을 때 백④로 막은 수가 대 악수. 이하 흑**❸**까지의 결과는 백이 망한 모습이다.

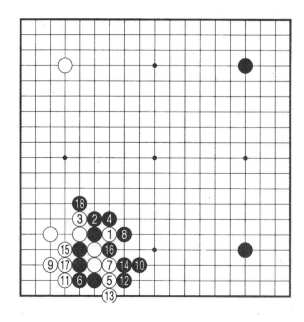

그림2(흑, 두텁다)

백은 ①로 단수친 후 ③으로 미는 것이 최선의 수순이다. 그러나 이하 흑**❽**까지 진행되었을 때 백⑨가 실리에 연연한 수. 흑**⑱**까지의 결과는 흑이 두텁다.

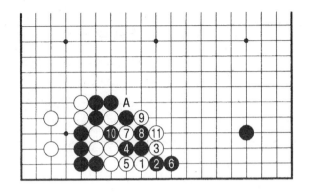

그림3(백의 반격)

그림2의 백⑪로 백①·③ 처럼 끊어 왔을 때 흑으로선 응수에 신중을 기해야 한다. 흑❹·❻은 형태에 얽매인 대 악수. 백⑪ 때 흑은 석 점을 이을 수 없다. 잇는다면 백A의 단수로 축이다.

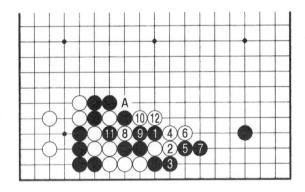

그림4(대동소이)

흑이 그림3의 진행을 꺼려 ❶로 단수친 후 ❸으로 미는 변화이다. 그러나 이하 백⑫까지 진행되었을 때 흑이 넉 점을 이으면 백A의 축이 성립하는 만큼 앞 그림과 대동소이한 결과이다.

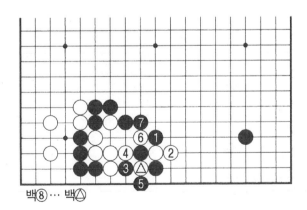

그림5(만패불청)

흑❶·❸으로 단수쳐서 백 한 점을 잡는 것도 고려해 볼 수 있는 한 가지 변화이다. 그러나 백은 ⑧로 따낸 후 만패불청할 것이다.

백⑧ … 백△

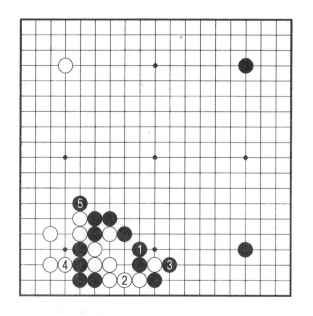

그림6 (흑의 정수)

백이 끊는다면 흑은 ❶로 뻗는 한 수이다. 백②에는 흑❸으로 단수친 후 백④ 때 흑❺로 젖혀 흑이 두터운 모습이다.

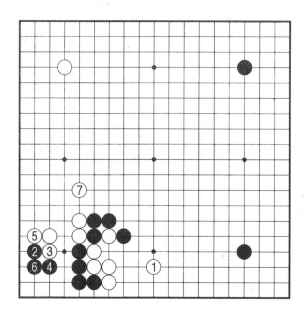

그림7 (쌍방 호각)

결국 백으로선 그림2처럼 실리에 연연해서는 좋지 않다는 결론이다. 백으로선 무조건 ①로 진출할 곳이다. 계속해서 흑❷·❹로 살고, 이하 백⑦까지가 쌍방 최선을 다한 수순인데, 피차 호각의 갈림이다.

의도를 역행

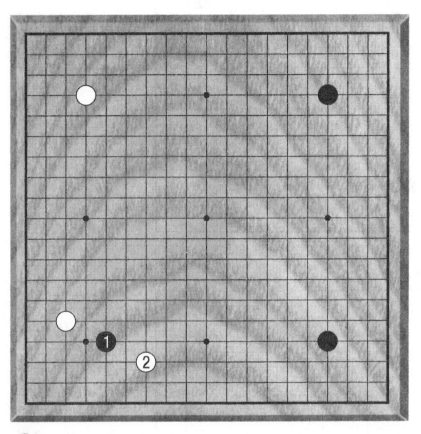

● 둘 차례

흑❶은 하변을 중시한 세력 지향의 걸침이라고 볼 수 있다. 이에 대해 백②의 협공은 실전에 자주 쓰이는 수법은 아니지만, 흑의 의도를 역행하여 국면을 어지럽게 만들려는 의도가 숨어 있다. 흑은 어떻게 응수해야 하는지 알아보기로 한다.

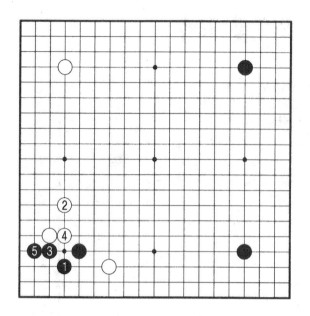

그림1(정석 환원)

흑❶로 마늘모하면 백②의 날일자 응수가 무난해 보인다. 계속해서 흑❸으로 붙여 백④를 강요하고 흑❺로 내려 빠져 귀를 안정하면 소목의 기본 정석으로 환원된 모습이다.

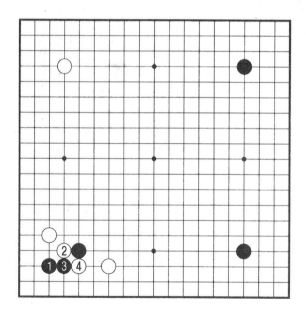

그림2 (백의 의도)

흑으로선 ❶의 3·三에 두고 싶은 곳이다. 이때 백②가 주문을 내포한 수이다. 흑❸은 손 따라 둔 수로 백④로 끊기게 되면 백의 의도대로 된 모습이다. 계속해서…

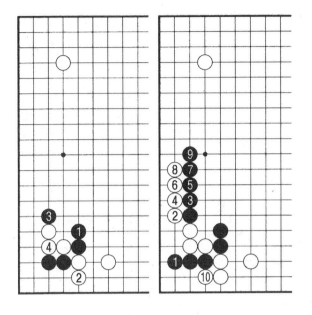

그림3(계속)

앞 그림에 계속해서 흑❶로 뻗으면 백도 ②로 내려서게 된다. 흑❸은 이런 모양에서 급소이지만, 백④의 빈삼각이 냉정한 대응이다. 계속해서…

그림4(백, 실리가 크다)

흑❶로 석 점으로 키워버리면, 백은 알기 쉽게 ②이하 ⑧까지 선수한 후 ⑩으로 흑 석 점을 잡는다. 이 결과는 흑의 세력에 비해 백의 실리가 돋보인다.

그림5(올바른 대응)

흑❶로 3·三에 들어가고 백②의 응수타진에 흑❸으로 늦춰 받는 것이 올바른 대응이다.

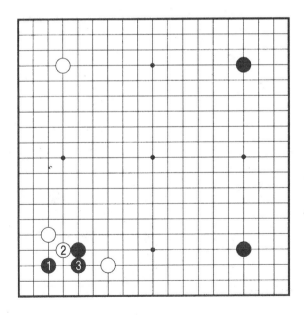

249

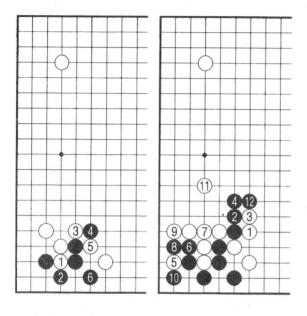

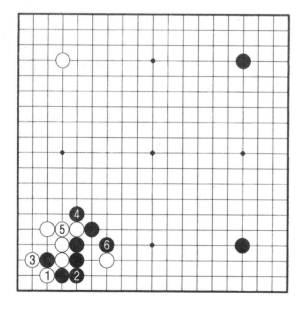

그림6(계속)

앞 그림에 계속해서 백①로 찔러 두고 ③으로 젖히면, 흑으로선 ❹로 젖혀 놓고 백⑤로 끊기를 기다려 ❻으로 모양을 갖추어 놓는 것이 행마의 요령이다. 계속해서…

그림7(흑, 충분)

백①·③을 선수하고 ⑤가 형태 정비의 맥점이지만, 흑은 ❻으로 몰고 이하 ❿까지 백이 해 달라는대로 해 주어도 좋다. 백⑪로 전개할 때, 흑⑫로 두텁게 꼬부리면 흑이 충분한 결과이다.

그림8(백의 변화)

그림6의 백⑤로 본 그림 백①로 끊는 변화이다. 흑❷로 잇고 백③으로 한 점을 잡을 때, 흑❹의 단수 한 방이 기분 좋은 활용이고, 흑❻으로 호구쳐 한 점을 제압하면 흑에게 불만은 없다.

독특한 구상

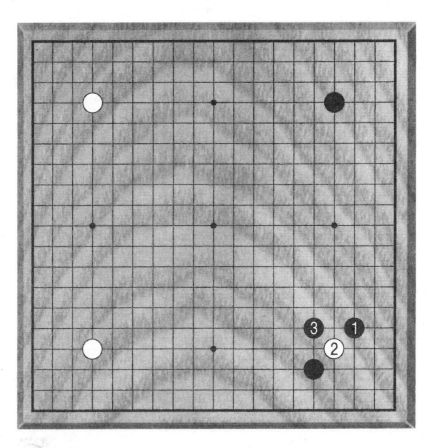

● 둘 차례

흑❶은 백이 다른 곳을 두면 ❸의 곳에 두어 토치카를 만들려는 구상
이다. 이에 대해 백②의 침입은 당연한 수로 보여진다. 이때, 흑❸이
흑❶과 연관된 흑의 작전이다. 흑의 포위망이 허술해 보이지만 의외
로 쉽지 않다. 백의 최선의 대응은 무엇일까?

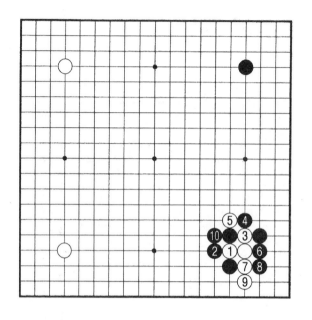

그림1(백, 곤란)

백①·③으로 찔러 두고 ⑤로 단수치기 쉬운 장면이다. 흑❻·❽이 기민한 선수 활용으로 백⑦·⑨가 불가피할 때, 흑⓾으로 잇고 나면, 백이 곤란한 모습이다.

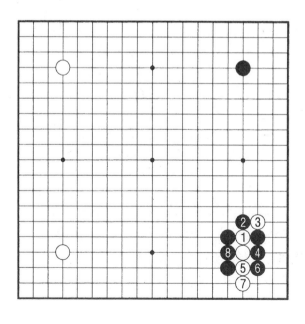

그림2(대동 소이)

백①로 하나만 찔러 놓고, ③으로 끊는 변화이다. 이때에도 흑❹·❻이 선수로 듣는다. 계속해서 흑❽로 잇게 되면 앞 그림과 대동 소이한 모양이다. 계속해서…

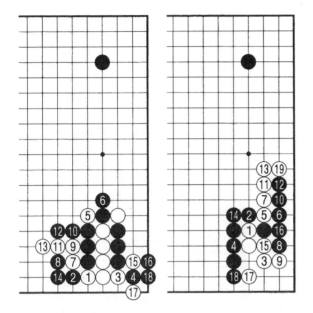

그림3 (백, 죽음)

앞 그림에 계속해서 백 ①·③에는 흑❷·❹로 강력하게 막는 수가 성립 한다. 백⑤·⑦로 끊으면 흑❽ 이하 ⓮가 좋은 대 응이다. 백⑮·⑰에는 흑 ⓰·⓲로 그만이다.

그림4 (백의 변화)

백①로 찌르고 ③으로 입 구자하는 변화이다. 흑❹ 로 이으면 백⑤의 끊음이 불가피한데, 흑❻·❽의 강력한 저항이 기다리고 있다. 이하 백⑲로 막아 수상전의 양상인데…

그림5 (흑의 선패)

앞 그림에 계속해서 흑❶ 의 치중이 수상전의 급소 이고, 백②도 최선의 응 수이다. 흑❸ 이하 필연의 수순을 거쳐 흑⓭으로 흑 이 먼저 따는 패가 되어 서는 백이 크게 불리하 다.

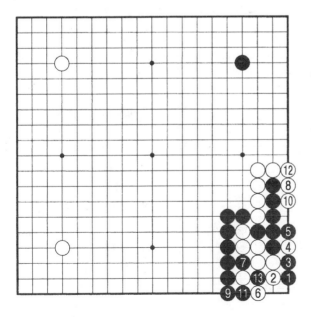

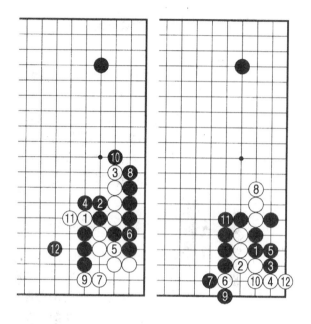

그림6(백, 불리)

그림4의 백⑬으로 본 그림 백①로 끊어놓고, ③으로 뻗는 변화이다. 흑❽에 백⑨로 살 수밖에 없을 때, 흑❿의 젖힘이 통렬하다. 백⑪에는 흑⓬로 모양을 갖추면 백이 크게 불리한 모습이다.

그림7(흑의 욕심)

그림4의 흑❽로 본 그림 흑❶ · ❸으로 백을 잡으려 하는 것은 무리이다. 백④ · ⑥을 선수하고 백⑧로 뻗는 수가 호착이다. 흑⓫이 불가피할 때, 백⓬가 급소로 흑이 잡혀버린다.

그림8(초반 패)

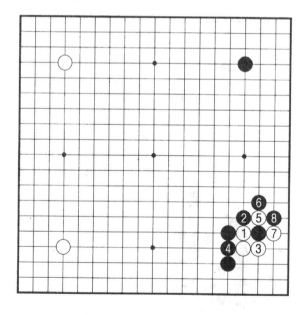

백①로 찌르고, 백③으로 막는 변화이다. 이때에도 흑은 ❹로 잇는 것이 좋은 대응이다. 백은 ⑤ · ⑦로 한 점을 잡게 되는데, 흑❽의 단수가 강력해 백이 곤란하다.

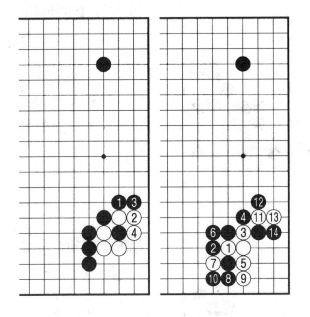

그림9(백, 궁색)

앞 그림의 흑❽을 꺼려서
본 그림 흑❶의 단수에
백②로 빠지는 것은 소극
적이다. 흑❸이 선수로
듣게 되면 백이 궁색한
모습이다.

그림10(백의 변화)

이번에는 백①·③으로
찌르고 ⑤로 막는 변화이
다. 흑❻이 침착하고, 백
⑦·⑨에는 흑❽·❿, 백
⑪·⑬에는 흑⑫·⑭로
강력하게 대응하게 되는
데…

그림11(백, 죽음)

앞 그림에 계속해서 백
①·③으로 몰면, 흑❹는
당연하고, 백⑤로 한 점
을 움직이면, 흑❻·❽을
선수하고 흑❿으로 백 다
섯 점이 잡혀서는 만사
휴의다.

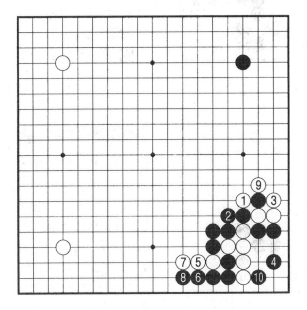

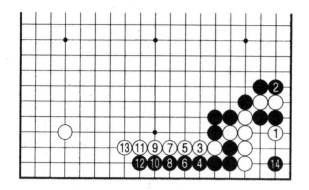

그림12(흑, 실리가 크다)

앞 그림의 백①로 본 그림 백①로 붙이는 변화이다. 흑으로선 ❹ 이하 ⑫까지 선수해 놓고 ⓮로 치중하여 귀를 잡게 된다. 이 결과는 흑의 실리가 너무 크다.

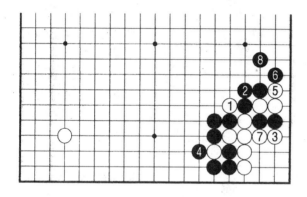

그림13(완전 봉쇄)

앞 그림의 백①로 본 그림 백①로 단수하고 ③으로 붙이면 흑은 ❹로 한 점을 때려내어 좋다. 백 ⑤·⑦로 귀는 살게 되지만 흑❽로 호구치면 백이 완전히 봉쇄된 결과이다.

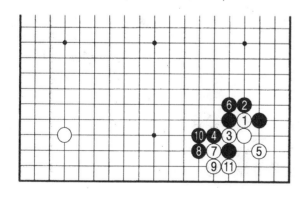

그림14(백의 정수)

백의 정수는 백①·③으로 찔러 두고 ⑤로 마늘모하는 것이다. 흑❻에 백⑦이하 ⑪까지 한 점을 잡아 귀를 안정할 수 있다. 이 결과는 흑의 세력과 백의 실리가 잘 어울린 모습이다.